蕅益大師開示語錄

老人一生苦心，唯佛祖知之，餘難知者。至不獲已述傳，令後裔有聞，此四宏法門，三祇誓海，可以古人自作別傳之例例之也邪。

僧懺法師——輯錄

高僧選集編印旨趣

本選集爲便利緇素學者節省時間與經濟起見，期以極少分之時間及代價，而獲多讀歷代高僧之著述；堅固其信戒，增長其定慧。由讀而誦，由誦而持，作入佛知見之階梯，救度自他之舟航。

本選集乃於歷代高僧文集中選出，選輯精審，凡選一集，俱爲一代大師之代表作品。有精深學理之闡發，有指導修行之方法，有獨到思想之論議，有開示世人之途逕；義理暢達，文辭華茂。使讀者必能一讀而認識歷代高僧之志行思想及道德文章，且必能使其一讀而身心輕泰，以至百讀不厭也。

本選集作各佛學院研究社學僧講敎國文之課本，最爲適當。卽一般大中學學生採爲課外文學之讀本，亦有大益。

本選集全用標點符號，一以表顯高僧文學詞藻之佳妙，一以助成讀者讀誦悟解之巧便。

本選集選輯方面或有未圓善之處，倘四方知識進而敎之，願樂欲聞。

癸酉冬月僧懺識於武昌佛學院之藏經樓。

蕅益大師略傳

八不道人，震旦之逸民也。古者有儒，有禪，有律，有敎，道人既蹴然不敢；今亦有儒，有禪，有律，有敎，道人又艴然不屑，故名八不也。俗姓鍾，名際明，又名聲，字振之。先世汴梁人，始祖南渡，居古吳木瀆，母金氏，以父岐仲公持白衣大悲咒十年，夢大士送子而生；蓋萬歷二十七年己亥五月三日亥時也。

七歲，茹素。十二歲，就外傳，聞聖學，卽千古自任，誓滅釋老，開葷酒，作論數十篇闢異端，夢與孔顏晤言。

十七歲，閱自知錄序及竹窗隨筆，乃不謗佛，取所著闢佛論焚之。

二十歲，詮論語，至「天下歸仁」，不能下筆，廢寢忘餐三晝夜，大悟孔顏心法。冬，喪父，聞地藏本願，發出世心。

二十二歲，專志念佛，盡焚窗稾二千餘篇。

二十三歲，聽大佛頂經，謂『世界在空，空生大覺，』遂疑何故有此大覺，致爲空界張本？悶絕無措，但昏散最重，功夫不能成片，因決意出家，體究大事。

二十四歲，夢禮憨山大師，哭恨緣慳，相見太晚。師云：『此是苦果，應知苦因。』語未竟，遽請曰：『弟子志求上乘，不願聞四諦法。』師云：『且喜居士有向上志，雖然不能如黃檗臨濟，但可如巖頭德山。』心又未足，擬再問，觸聲而醒。因思古人安有高下，夢想妄分別耳。一月中，三夢憨師，師往曹谿，不能遠從，乃從雪嶺師剃度，命名智旭。雪師，憨翁門人也。

夏、秋，作務雲棲。聞古德法師講唯識論，一聽了了，疑與佛頂宗旨矛盾，請問。師云：『性相二宗，不許和會。』甚怪之！佛法豈有二歧耶？一日問古師云：『不怕念起，只怕覺遲，且如中陰入胎，念起受生，縱令速覺，如何得脫？』師云：『汝今入胎也未？』道人微笑。師云：『入了胎也。』道人無語。師云：『汝謂只今此身果從受胎時得來者耶？』道人流汗浹背，不能分曉；竟往徑山坐禪。

次年夏，逼拶功極，身心世界忽皆消殞，因知此身從無始來，當處出生，隨處滅盡，但是堅固妄想所現之影，刹那刹那，念念不住，的確非從父母生也。從此性相二宗，一齊透徹，知其本無矛盾，但是交光邪說大誤人耳。是時一切經論，一切公案，無不現前，旋自覺悟解發，非為聖證，故絕不語一人；久之，則胸次空空，不復留一字腳矣。

二十六歲，受菩薩戒。二十七歲，徧閱律藏，方知舉世積譌！

二十八歲，母病篤，四刲肱不救，痛切肺肝！（既悟此身非父母生，何故又刲肱救母參？！）葬事畢，焚棄筆硯，矢往深山；道友鑒空留掩關於松陵，關中大病，乃以參禪工夫求生淨土。

三十歲，出關朝海，將往終南。道友雪航願傳律學，留住龍居，始述毗尼事義集要及梵室偶談。是年遇惺谷歸一兩友，最得交修之益。

三十一歲，送惺谷至博山薙髮，隨無異禪師至金陵，盤桓百有十日，盡諳宗門近時流弊。

乃決意宏律，然律解雖精，而煩惱習强，躬行多玷，故誓不爲和尚。（三業未淨，謬有知律之名，名過於實，此道人生平之所恥！）

三十二歲，擬註梵網，作四鬮問佛：一曰宗賢首，二曰宗天台，三曰宗慈恩，四曰自立宗。頻拈得台宗鬮，於是究心台部，而不肯爲台家子孫，以近世台家與禪宗賢首慈恩各執門庭，不能和合故也。（時人以耳爲目，皆云道人獨宏台宗，謬矣謬矣！）

三十三歲，秋，惺谷壽如二友去世，始入靈峯過冬，爲作請藏因緣。

三十五歲，造西湖寺，述占察行法。

三十七歲，住武水，述戒消災略釋，持戒犍度略釋，盂蘭盆新疏。

三十八歲，住九華。次年，述梵網合註。

四十一歲，住溫陵，述大佛頂玄義文句。

四十二歲，住漳州，述金剛破空論，蕅益三頌，齋經科註。

四十四歲，住湖州，述大乘止觀法要

四十六歲，住靈峯述四十二章經，遺敎經，八大人覺解。

四十七歲，住石城，述周易禪解。是秋，住祖堂越二年，述唯識心要，相宗八要直解，彌陀要解，四書蕅益解。

五十一歲，冬，返靈峯，述法華會義。次年，述占察疏，重治律要。

五十四歲，住晟谿，草楞伽義疏，遷長水，而始竟。倘有閱藏知津，法海觀瀾，圓覺維摩起信註疏，厥願未完姑竢後緣而已。

生平嘗有言曰：漢宋註疏盛，而聖賢心法晦，如方木入圓竅也！隨機羯磨出，而律學衰，如水添乳也！指月錄盛行，而禪道壞，如鑿混沌竅也！四敎儀流傳，而台宗昧，如執死方醫變證也！是故舉世若儒若禪若律若敎，無不目爲異物，疾若寇讎！道人笑曰：知我者，唯釋迦地藏乎？罪我者，亦唯釋迦地藏乎？

子然長往，不知所終。

靈峯蕅益大師自傳，成於壬辰臘月。次年癸巳，老人五十五歲，夏四月，入新安，結後安居；於歙浦天馬院，著選佛譜。閱宗鏡錄，删正法涌永樂法眞諸人所竄襍說引經論之誤及歷來寫刻之譌，於三百六十餘問答一一定其大義，標其起盡。閱完，作校定宗鏡錄跋四則。又汰袁宏道集，存一冊名袁子。秋八月，遊黃山白嶽諸處。冬，復結制天馬，著起信裂網疏。

次年五十六歲甲午，於正月應豐南仁義院請，法施畢，出新安。二月後，褒灑陀日，還靈峯。夏臥病，選西齋淨土詩，製贊補入淨土九要，名淨土十要。夏竟，病愈。七月，述儒釋宗傳竊議。八月，續閱大藏竟。九月，成閱藏知津，法海觀瀾二書。冬十月，病復，有獨坐書懷四律，中有『庶幾二三子，慰我一生思』之句。十一月十八日，有病中口號偈。臘月初三，有病間偶成一律，中有『名字位中眞佛眼，未知畢竟付何人』之句。是日口授遺囑，立四誓，命以照南等慈二子傳五戒，菩薩戒，命以照南靈晟性旦三子代座代請。命闍維後，磨骨和粉麪分作二分：一分施鳥獸，一分施鱗介，普結法喜，同生西方。十三起淨社，有願文。嗣有求生淨土偈六首。除夕，有艮六居銘，有偈。

乙未元旦，有偈二首。二十日，病復發。二十一日，晨起，病止。午刻，趺坐繩床角，向西舉手而逝。時生年五十七歲，法臘三十四，僧夏從癸亥臘月至癸酉自恣日，又從乙酉春至今乙未正月，共計夏十有九。丁酉冬，門人如法荼毗，髮長覆耳，面貌如生，趺坐巍然，牙齒俱不壞，因不敢從粉骴遺囑，奉骨塔於靈峯之大殿右。（丁酉下四十二字係戊戌春荼毗後補記。）

嗚乎痛哉！世間眼滅，正法幢摧，惡心向佛之魔邪，誰與救正？好心遭毒之男女，誰與扶持？良以吾輩業重，不能感哲人久住故耳！

自「八不道人」至「不知所終」，錄大師著自傳八不道人傳全篇；靈峯句下，錄大師門人成時法師所記續傳前之半篇。後學僧懺謹錄。時在民國二十二年古曆十一月二十五日雪夜。

高僧選集 蕅益大師集

目錄

高僧選集

蕅益大師集

明蕅益大師著

後學僧懺選輯

四十八願（天啓元年，歲次辛酉，七月三十日，時名大朗優婆塞。）

稽首三身圓滿尊，一切眞如覺性海；稱彼法界等虛空種種莊嚴大願海，果因交徹不思議菩薩一切修行海。亦禮阿彌陀如來，觀音勢至及地藏。我爲慈親罔極恩，徧憫一切衆生界，發生如實增上心，修行念佛勝方便。深信淨土攝受門，廣大誓願普皆被；妙戒爲舟智慧舵，方便爲帆佛力風。盡未來際渡衆生，終不一念捨五濁。諸佛願海如帝珠，攝於我願重重現；我願亦如摩尼王，諸佛願海悉皆攝。願輪橫徧於十方，亦復竪窮於三際；一切智智之所乘，故我至心勤修習。

第一願：我本發心，上報慈父鍾之鳳生恩；願三寶力，令我無始慈父，咸生淨土，速證菩提。令聞我名者，亦報父恩！

第二願：我本發心，上報悲母金大蓮養育恩；願三寶力，令我無始悲母，咸生淨土，速證菩提。令聞我名者，亦報母恩！

第三願：度法界衆生成佛，竟方取泥洹！

第四願：我婬機身心俱斷，斷性亦無；令聞我名者，永斷婬根！

第五願：我殺害業習，滅盡無餘；令聞我名者，徧生慈力！

第六願：我癡闇謗三寶業，滅盡無餘；令聞我名者，正信三寶！

第七願：我諸不善業，悉得清淨；令聞我名者，安住梵行！

第八願：我決生極樂世界，速證無上菩提，分身塵剎，盡未來際，度生無厭！

第九願：我生生不忘本願，於五濁世，善化衆生！

第十願，我處處宏通正法，無諸魔障！

十一願：得無量智慧，達一切佛法！

十二願：得無量辯才，開迷降外，一切無畏，如師子吼！

十三願：得無量神通，徧十方國，承事如來，及善知識，一切海會，無不得與！

十四願：我能出種種妙音，盡未來際，讚歎三寶，令衆生知所歸依！

路！

十五願：隨意出生種種妙供，供養三寶，爲衆生作大福田！

十六願：隨喜一切衆生所有功德，令成無上菩提！

十七願：十方如來成正覺時，我先勸請轉大法輪，開示衆生無上覺路！

十八願：十方如來般涅槃時，我悉勸請，莫入涅槃，常住世間，饒益含識！

十九願：一切海會，推我爲大法王子，佛讚我功德智慧慈悲願力，如觀世音地藏王，等無有異！

二十願：以大悲光照諸地獄，觸我光者，應時變諸苦事，悉成妙樂！

二十一願：以大悲光，照諸餓鬼，觸我光者，應時捨身，得淨土生！

二十二願：以大悲光，照諸畜生，蒙我光者，離諸怖畏，捨身之後，得淨土生！

二十三願：以大悲光，照諸鬼神，蒙我光者，悉捨瞋心，開悟佛道，捨諸醜陋，得清淨身！

二十四願：以大悲光，照諸苦惱衆生，蒙我光者，疾病消除，六根具足，厄難恐怖，悉皆解脫，無病延年，發菩提意，若臨命終，即生淨土！

二十五願：以大悲光，照有形無形，有想無想，及諸魔外，令其身心，捨諸邪見，通達佛乘！

二十六願：以大悲光，照觸人天，令不迷欲樂，及欣厭定，勤求無上菩提！

二十七願以大悲光，照聲聞緣覺，令捨無爲，速趣佛乘！

二十八願。以大悲聲，令一切衆生，決定明悟，不戀三界，不樂餘乘，唯求無上菩提！

二十九願以大悲神力，隨順衆生種種所求，俾於我法生深信心！

三十願以救度衆生故，於十方，現作佛身，或淨土攝取，或穢土調伏，方便無量！

三十一願：救度衆生，故隨類現身，一一類中，種族尊勝，威德自在，令諸同類，敬愛受教，直至菩提！

三十二願以大悲方便，現於一切，無佛法處，法滅處，佛法不能行處，隱顯大化，爲長夜燈，救拔沈冥，出於苦海！

三十三願：恆於衆生饑渴之時，現作飲食，疾疫現作藥草，寒作衣服，熱作涼風，險阻作津梁；一切所須皆現作之，若服若食若倚若履，咸得安樂，發菩提心！

三十四願：樂求佛乘衆生，聞我名已，不捨肉身，得佛菩提！

三十五願：莊嚴佛土菩薩，聞我名已，其國踰於極樂，欲現穢土，則得無量方便，善化剛强！

三十六願：令欲見諸佛土聞法衆生，皆得見聞！

三十七願：令欲往無數世界供養三寶衆生，一念之間，普得周徧！

三十八願：令欲生佛土衆生，聞我名號，卽得隨願往生！

三十九願：令同我誓願衆生，速得無量智慧方便，威德自在！

四十願：令樂小乘衆生，速登聖果，卽囘心入菩薩乘！

四十一願：十方修行菩薩，聞我名號，直至菩提，永無魔事！

四十二願：十方魔外，聞我名號，卽捨邪見，同歸正覺！

四十三願：以大悲心力，使五逆十惡四棄八棄，當墮大獄衆生，知求哀懺悔，隨現勝妙色身，摩頂安慰，令罪根永拔，發菩提心！

四十四願：以平等大慈悲力，能滅謗我法詈我名者，極重惡障，速趣菩提！

四十五願：我慈眼最極清淨，普視盡虛空界，乃至極苦處，悉令安樂；極惡衆生，悉令賢善！

四十六願：我印手最極莊嚴，於念念中出一切供養雲、珍寶雲、衣服雲、衆具雲、飲食雲、醫藥雲、三昧雲、總持雲、辯才雲、光照雲，徧虛空界盡未來際，利益衆生！

四十七願：我名號盡十方界靡不周徧，彼法滅處，我名不滅，恆令聞稱，悉得解脫！

四十八願：我色身最極微妙，以不可說不可說佛剎極微塵數大人相而自莊嚴；一一相有不可說不可說佛剎極微塵數隨形好；一一好有不可說不可說佛剎極微塵數光明；一一光作不可說不可說佛剎極微塵數色，嚴飾國界；演不可說不可說佛剎極微塵數聲，宣揚妙法；出不可說不可說佛剎極微塵數香華飲食衣服衆具，普供一切；現不可說不可說佛剎極微塵數化佛，敎化一切一一佛有不可說不可說佛剎極微塵數諸化菩薩一一菩薩有不可說不可說佛刹極微塵數殊勝莊嚴一一嚴作不可說不可說佛刹極微塵數廣大佛事，一一事於不可說不可說佛刹極微塵數世界利益衆生！有見一佛事，則得見我微妙色身；見我身者，則能與我平等，則能速得成佛！

爲母發願回向文

菩薩戒比丘智旭一心歸命法界三寶：伏爲亡母優婆夷金大蓮今六月初一日，棄世三周，敬然臂香七炷，供十方三寶，釋迦文佛，文殊普賢等諸大菩薩，阿彌陀佛，觀音勢至等諸大菩薩，地藏大士，及十方諸大菩薩！現前清淨眞實善友，普同供養；伏蒙善友爲我母誦種種經呪。（列比丘沙彌及諸佛子共十一人，禮懺二堂，持諸經十六部，諸呪品二萬三千一百，佛菩薩名四十三萬；自持諸經十二部，禮三世千千佛文不錄。）

願母罪因苦果，淨盡無餘，智種福基，具足無減。悟法界藏身，入普賢行海。

智旭又爲父母乃至歷劫親緣，亦爲現前善友所有歷劫親緣，廣及法界衆生，悉爲歸依懺海，發宏誓願：盡法界衆生，無始至今，一切殺罪，願得消除！自今以去，更不復造！若定業應受刀山劍樹等，智旭普皆代受，令彼安住大悲，一切盜罪消除，更不復造！定業應受考逼酬償等，智旭普皆代受，令彼成就大捨，一切婬罪消除，更不復造！定業應受鐵牀銅柱等，智旭普皆代受，令彼圓滿梵行，一切妄語罪消除，更不復造！定業應受拔舌犁耕等，智旭普皆代受，令彼證眞實法，一切飲酒罪消除，更不復造！定業應受灰河沸屎等，智旭普皆代受，令彼得大智慧，一切貪罪消除更不復造！定業應受積寒堅冰等，智旭普皆代受，令彼永獲清淨，一切瞋罪消除，更不復造！定業應受猛火燒然等，智旭普皆代受，令彼發起大慈，一切癡罪消除，更不復造！定業應受盲聾頑鈍等，智旭普皆代受，令彼滿足菩提，一切塵沙等罪消除，更不復造！定業應受種種塵沙苦等，智旭普皆代受，令彼究竟涅槃。以此功德伏願一切地獄等受安樂，一切餓鬼等獲飽滿，一切畜生等蒙解脫，一切修羅等證慈忍，一切人道等悟無生，一切天道等盡諸漏，一切聲聞等發大願，一切緣覺等起大悲，一切菩薩等滿菩提，一切如來等增法樂！

又願現前四比丘，增長壽命，增長大悲，開發深智，昭明慧眼！四佛子，盡一切習速圓梵行三沙彌，戒根永淨捨諸瞋掉！又願智旭生生處處常得承事供養一切善友，善友成佛爲影響衆，盡未來際不念疲勞！仰唯法界三寶大慈覆護，大悲拔濟，令我所願，疾得滿足普與含生，同圓種智！

參究念佛論

原夫本覺妙明，眞如法界，智理無能所之分，依正絕自他之量。秖因迷妄，徧計橫生，背覺性而九界雜陳，昧眞境而三土幻現。勞我世尊，垂慈設教，隨衆生根性，示無量法門：或顯了說，或隱覆談；

或曲接偏機，漸令入道；或直投圓種，頓使開明；或從一法中，分別說爲無量；或以異方便善巧助顯一乘。雖復敎綱萬殊，無非醒九界長夢，令復還元覺；了三土幻翳，令冥契寂光耳。

然了義中最了義，圓頓中極圓頓，方便中第一方便，無如淨土一門。何以言之？隨其心淨則佛土淨，見思淨超同居，塵沙淨超方便，無明淨超實報。故曰：『唯佛一人居淨土』，尙何不了之義？衆生心念佛時，是心作佛，是心是佛，以一念頓入佛海。故曰：『一稱南無佛，皆已成佛道。』

若人專念彌陀佛，是名無上深妙禪，豈不至圓至頓？果德願力不可思議，因心信力亦不可思議，感應道交，文成印壞；以凡夫而階不退，未斷惑而得橫超。又復三根普被，四土橫該，五濁輕淨在同居，體空巧淨在方便，三觀圓淨在實報，究竟覺淨在寂光，尚無等者，矧或過之？是名不可思議功德，世間難信之法也！

總其大要，須具信願行三：信則信事信理，信自信他，信因信果。知心外無土，土外無心；性外無佛，佛外無性。因必該果，果必徹因。願則念念回向，心心趨往。行則無量法門，會歸一致。而淨土正行，尤以念佛爲首。顧念佛一行，乃有多途：小經重持名，楞嚴但憶念，觀經主於觀境，大集觀佛實相。後世智徹禪師復開參究一路；雲棲大師極力主張淨土，亦不廢其說。但法門雖異，同以淨土爲歸。

獨參究之說，既與禪宗相濫，不無淆譌可商；嘗試論之：心佛衆生，三無差別，果能諦信，斯直知歸；未了之人，不妨疑著。故誰字公案，曲被時機，有大利亦有大害：言大利者，以念或疲緩，令彼深追力究，助發良多。又未明念性本空，能所不二，藉此爲敲門瓦子，皆有深益。必淨土爲主，參究助之，徹與未徹，始不障往生。言大害者，既涉參究，便單恃己靈，不求佛力，但欲現世發明，不復願往。或因疑生障，謂不能生；甚則廢置萬行，棄捨經典。古人本意，原欲攝禪歸淨，於禪宗開此權機。今人錯會，多至捨淨從禪，於淨宗翻成破法，全乖淨業正因，安冀往生彼國？

問：淨土爲主，參究可當念佛否？答：參念皆屬行攝，切則參亦往生，不切則念亦不生。又雖有切行，若信願爲導則往生，無信願爲導則不生也。

問：徹悟人還須往生否？答：普賢願王，導歸極樂，初地至十地，皆云不離念佛。怡山發願，承事十方諸佛，無有疲勞。百丈清規，課誦送亡等事，無不指歸淨土。故天如云：「若果悟道，淨土之生，萬牛莫挽；」雲棲云：「悟後不願往生，敢保老兄未悟；」是知凡言不必生淨土者，皆是增上慢人，非眞入菩薩位者也！

問：念佛兼參究，可爲助行；參禪兼願往，非偸心歟？答：無禪之淨土，非眞淨土；無淨土之禪，非眞禪。然淨土之禪，本不須參究，但一心不亂卽靜，名號歷然卽慮。若夫禪之淨土，必須證極淨心，非可以理奪事。從上諸祖，凡情已盡，聖解未忘，不妨隨機埽執；後世學人雖有乾慧，染習未枯，自非發願往生，依舊隨業輪轉。永明「四料簡」，楚石「十念不缺」等，正所謂有禪有淨，豈偸心也？

問：參究念佛，與止觀法門爲同爲異？答：理則互融，門實有異。止觀以信入，參究以疑入。止觀雖三根普被，而上根方眞得明了；參究雖亦被三根，而上根始獲大總持。且如下根之人，或念佛，或參究，雖未達止觀深理，然理無不具，以置心一處即止，用心參念即觀，故中根之人，或借解而起念行，或塞解而發參情，雖隨機致用不同，亦皆不失止觀大義。惟上根之士，直下相應，境智一如，觀諦不二，斯時念與不念，皆得而究竟，更無可參何以？故言前薦得，屈我宗風；句下分明，沉埋佛祖。故知參究念佛之說，是權非實，是助非正，雖不可廢，尤不可執；廢則缺萬行中一行，執則以一行而礙萬行也。高明學道之士，試熟計而力行之！

念佛即禪觀論

或問蕅益子曰：參禪敎觀，與念佛法門，同邪異邪？

答曰：同異皆戲論也；卽亦同亦異，非同非異，亦戲論也。以三種法門，無不離四句故。若知一切法，無非卽心自性，仍可四句而詮顯之。何者？梵語禪那，此云靜慮，靜卽是定，慮卽是慧。靜卽止，慮卽觀，靜卽寂，慮卽照。是故定慧也，止觀也，寂照也，皆一體而異名也

或謂寂照約性，餘二約修；止觀約因，定慧約果，不過一往語耳。夫吾人現前一念心性，雖昏迷倒惑，靈知終不可滅，雖流轉紛擾，本體終未嘗動，此豈非寂照眞源止觀血脈定慧根據乎？究此現前一念心性，名爲參禪，達此現前一念心性，名爲止觀；思惟憶持此現前一念心性，名爲念佛。蓋念者始覺之智，佛者本覺之理也。

就此念佛法門，有念自佛他佛自他佛之不同：若單念自佛，與參禪止觀全同；若單念他佛，與參禪止觀，亦異亦同；若雙念自他佛，與參禪止觀非異非同。夫念自佛者，是四念處觀：所謂觀身，觀受，觀心，觀法。若一切法門，不爲四念處所攝，卽外道法；故知與禪觀同也。夫念他佛者，或念相好，或法門，或實相，或不能作此三種念者，則但持名號。若念相好，一往似與禪觀異，然必止息異緣專觀彼佛，則仍與止觀同，亦仍與靜慮同也。念法門者，例此可知。若念實相，雖托他果佛爲異，然終無兩種實相究竟是同。若持名號，一往亦與禪觀異，然無論解與不解，而所持之名，當體無非一境三諦；能持之心，當體無非一心三觀。故曰：『明珠投於濁水，濁水不得不清；佛號投於亂心，亂心不得不一。』是則心無異緣卽是靜是止，名號歷歷卽是處是觀，亦究竟同也。夫雙念自他佛者，了知心佛衆生三無差別，乃托他佛助顯本性。由悟本性，故與禪觀非異；由托他佛，故與禪觀非同。是謂勝異方便無上法門：文殊般若經，般舟三昧經，觀無量壽佛經等皆明此圓頓了義；而妙宗鈔中之爲詳，凡棲心淨土之士，不可不熟究而力行之也！

非時食戒十大益論

客問杜多子曰：吾聞殺盜婬妄，名爲性罪；飲酒昏迷，失智慧種；食衆生肉，斷大慈悲；是以如來制戒，七衆同遵，固無惑焉。至於常食養身，有何過咎？而非時食戒，如此嚴邪！願聞其旨！

杜多子曰：吾正欲申齋法之要，以軌行人，時哉問也！夫齋法是十方三世諸佛弟子，通行大道，出生死法之要津也。愚夫逐逐口腹，甘爲飲食之人，既畏此律檢，豈辨其利益？今原如來立制本意，盡善盡美，何能殫述？略而舉之，大益有十：

一、斷生死緣：經云：『一切衆生，皆因婬欲而正性命。』又云：『三界衆生，皆依飲食而得存活，所謂段食，觸食，思食，識食。』由此觀之：婬欲固生死正因，飲食乃生死第一增上緣也；均爲五欲所攝。特資此毒身，借之修道，不能全斷？然設得時食，尚作曠野食子肉想，何容恣意於非時邪？

二、表中道義：台宗云：『午前進食，表方便道，猶似有法可得；過中不食，表除中道外，更無所需。』此之理觀，全托事境，儻粗戒尚不自持，非同俗人，夜猶飲食，放縱之不及，卽同外道。日啖一麻一麥之太過，行不適中，妙理何由契會？

三、調身少病：脾主信，數數食，最能傷脾。故立門以戒晚食爲養生善術，豈名忍餓？

四、道業尊崇：趙州云『二時粥飯，是雜用心處』一二時已雜，況三四邪？儒曰；『飲食之人，則人賤之。』今恪守齋法，專精辦道，道業自隆。

五、堅固戒品：晚食助火助氣，增長婬心；今寂爾淸淨，戒體堅牢。

六、堪能修定：斷其雜食亂想，身心輕利，取定不難

七、出生智慧：晚飡助昏蓋，今淸淨惺寂，不障觀慧，又於四種食，如法作厭離想，卽能斷三界惑。

八、離鬼畜業：畜生午後食，鬼夜食，不持齋法，鬼畜無異，牽入其類；持此齋法，遠離二趣生緣。

九、不惱檀信：謂長乞食者，設午後更復持鉢，則終日但見沙門往還，必令施主生惱；今午後惟晏坐修道，能令僧俗皆安。

十、不擾行人：今時叢林晚飡，廚人惟事炊爨，終身碌碌，不異傭工；齋法若明，則無此煩擾，共修道業。

是以諸佛出世，必立此制，乃至在家居士，猶令於月六齋日受八關齋法，以種永出因緣，況沙彌比丘，可無慚無愧，非時受食邪？設有病苦因緣，佛自立「非時漿」「七日藥」以濟之，斷無以晚食爲藥石之理也！願高明者，深信而力行之！

戒衣辯譌

出家有戒衣，猶居官有公服也，戒既七衆不同，衣豈一概無別

佛爲比丘，則制三衣：一、僧伽梨，本宜九條，或十二條；貧寠無措，事不獲已，乃用二十五條。名後後品，非上上品也。二、鬱多羅僧，惟用七條。三、安陀會，惟用五條，此三皆名袈裟：以是壞色，非彩色故，亦名田衣，以其形似水田；又僧爲人世福田也。

爲比丘尼，則制五衣：三衣如上，加掩腋衣，浴衣也。

爲沙彌，則制二衣：一上衣，即無縫袈裟，亦名縵條衣；色與比丘同，制與比丘異，但直縫之，不許刺葉。故律部云『求寂之徒，縵條是服，輒披五

條深爲罪濫。」蓋沙彌雖已出家尚未入僧寶數，是故五條猶不許披，況七條九條等乎？二、內衣卽掩腋衣之類，梵稱僧脚崎也。

爲菩薩優婆塞，則令齊無縫三衣制與沙彌同。入壇行道，方許披之，平日不得披著，所以與沙彌別也。

今時衣制，大違律法，其譌有十，請備陳之：

受沙彌戒，便令具足三衣。一譌也！沙彌擅披七條，竟與比丘無別。二譌也！

前人無知妄作，輒令優婆塞得披三衣；後人矯枉過正，幷禁優婆塞不畜縵衣。三譌也！

一切衣制，皆以豎三肘橫五肘爲度，縱稍稍增減，咸須隨身隨臂，今豎三橫六，謬云摺時取方。四譌也！

田衣但取形似畦畔，今謬云須通水路。五譌也！

五條七條等，不過割截使異俗服；今謬云表於須彌日月四天王等。六譌也！

僧伽梨，本麤大衣；今謬稱祖衣。七譌也！

三衣之制，千佛所同，故卽名千佛衣，正譌集中已辯；今尙有繡佛在衣者。八譌也！

一切出家所用衣服臥具，以壞色故，總名袈裟；今返以五彩爲之。九譌也！

佛與大迦葉以衣貿衣，所以彰其頭陀勝德，令持衣遠待彌勒，所以助成龍華佛事；達磨傳衣二祖，所以表信令人不疑。今有不受戒律，但付衣者，進無正法眼藏心印可傳，退無比丘沙彌名位可守，不惟僅成世諦流布，亦且大亂聖賢幢相。十謬也！

嗚呼！僅一戒衣，其謬若此！奈何正法不淪替邪？有志之士請頭頭法法，咸遵佛制，期於自利利他，勿謂此是著相，躲身於無相坑中也。

法派稱呼辯

客問蕅益子曰：出家法派，族姓宗譜也；子爲不然，何邪？

答曰：世間至親，莫如滴血；出世至親，莫如法道。法道本離名相，豈以名字爲派哉！佛雖曰：『四河入海，皆失本名；四姓出家，同稱釋子；』此但一其姓耳，豈必更一其名？是故憍陳如、大迦葉、目犍連等，皆俗氏也；阿難陀、莎伽陀、阿那律等，皆俗名也。出家證果，當時咸以此稱之，後世亦以此傳之。然則別命法名，已非律制矣！況法派乎？

其在東土，五祖下出二人：南曰惠能，北曰神秀。馬祖下出三人：西堂曰智藏，百丈曰懷海，南泉曰普願。且南嶽既名懷讓，百丈爲其嫡孫，未嘗避之。宗門果有派乎？北齊師也，南嶽徒也，師名慧文，徒名慧思；慈雲、四明，同師寶雲，一名遵式，一名知禮。天台果有派乎？又宗門有大本、小本，天台有大威、小威，法名果足論乎？

降而近世，雖法派之說已行，高尚者猶然弗屑！如密藏名道開，介山名傳如，對峯名眞弘，澹居名法鎧，寒灰名如奇，皆不失爲紫柏弟子！善知識果有派乎？巢松名慧浸，一雨名通潤，蘊璞名如，皆不失爲雪浪弟子！法師果有派乎？

惟其道無足傳，法無足授，不知戒律之當尊，不知紹繼之正務，爲師者但貪眷屬，爲徒者專附勢利，遂以虛名互相羈繫，師資實義埽地矣！豈不痛哉！

客曰：法派之非，既聞命矣。法門兄弟，緇素無間邪？

答曰：同門列爲兄弟，豈惟不知出世法，亦不知世法者也。且如公卿也，百寮也，胥吏也，萬民也，皆天子臣庶也；然百寮不得呼公卿爲兄弟，乃至萬民不得呼吏胥爲兄弟，何也？分異故也。佛法亦爾：比丘之法，多已十夏者，爲與和尚等；多已五夏者，爲阿闍黎等，比丘尼之奉八敬法也，雖百夏，禮初學比丘足。夫比丘尼已入僧寶數，特以比丘爲上衆，尼爲下衆，其禮數懸絕如此！況式叉摩那，但學法，未預衆僧法事者乎？又況沙彌，沙彌尼，但同僧利養，未入僧數者乎？欲稱比丘爲兄弟，何異有司稱宰輔爲兄弟也？又況優婆塞等，幷無僧相，不得同僧利養者乎？欲稱沙彌爲兄弟，何異民庶稱有司爲兄弟也？

且佛之初出世也，提謂長者，先受五戒，稱佛爲師矣，五比丘後方師佛；提謂非兄五比丘，非弟乎？乃佛之授與三歸也，則曰歸依未來僧，是不惟不敢以五比丘爲弟，幷不敢以五比丘爲兄，以其歸依僧，則一切僧皆我師也，乃至最後須跋陀羅，亦我師也。

今世俗士，擇一名德比丘禮事之，竊竊然矜曰：吾某知識某法師門人也；彼知識法師者亦竊竊然矜曰：彼某居士某宰官歸依於我者也噫！果若此，則應曰：歸依佛，歸依法，結交一大德可也；可云歸依僧也與哉？須達多之初聞佛名，夜趨見佛也，甫聞說法，即證三果，已入勝義僧寶數矣；既而造精舍於祇桓，供佛及僧，凡新出家未知佛法者，須達多日爲教授，必禮出家人足已，然後說法，寧惟不敢以教授師自居，不敢以兄自居，并不敢以弟自居，而兄視新出家人也。羅睺羅之出家也，以舍利弗爲和尙，均提之出家也，亦以舍利弗爲和尙，羅睺爲比丘，均提尙爲沙彌，不聞其稱羅睺爲兄也。

則住持三寶之體最嚴，亦猶朝廷之禮故也，朝廷無禮法，上下不辨，而天下亂；佛法無律義，七衆不辨，而化道絕，可弗辯乎？

答菩薩戒九問（原問附）

問：梵網云『於未受戒人前，說七佛教戒者，犯輕垢罪；』謂但遮誦時不遮講時，何意？

答：比丘戒法，關係僧輪，爲防賊住，一切俱遮，菩薩戒法，普收五道，解義發心，事非所禁。但誦時恐有發露，不合令未受者知，故云不得說也。

問：戒本四重，梵網十重，詳略不同；梵網犯重，見相更受，戒本但云更受，寬嚴有異，何也？

答：戒本出地持，地持合殺盜婬妄名出家八重。善生經列殺盜婬妄酤酒說過名優婆塞六重。梵網備二經之義，總爲十重，瓔珞亦同。由被機不等故也。今戒本四重復有三義：一者、在家出家欲受此戒，必已先受五戒十戒具戒，是則殺盜婬妄根本性重，不須更列；惟列增上戒也。二者、菩薩戒法，逆順無方，爲衆生故容少分現行性罪，此四理無開許，故獨列之。三者、根本四罪，一犯永墮，大乘雖通懺悔，亦必期于見相。今此四法，設有犯者，猶堪更受；恐濫前四，故獨列之。然梵網犯重，必見好相者；釋迦和尚一往法嚴，彌勒闍梨，輕重開遮，理須詳悉。今准經論參合發明，殺盜等四，隨犯一種，諸戒並失，得見好相，大可重受。而比丘法中，仍無僧用酤酒等六，隨犯一種，失菩薩戒，具戒以下，不名爲失，故殷勤悔過，許其重受。二經互相影略，非相違也。

問：比丘遮罪，雖緣乃開，今性罪開而遮罪無文，且逆行凡夫安能利人邪？

答：遮罪爲護衆生，大士皆應同學。難緣所開，已同聲聞；惟性罪一向遮，故須開也。不揀是凡是聖，果能悲心代苦，慚愧不爲功，則戒身無恙；儻藉口任情，止成自欺，必虧戒體，莫貪大士虛名，而招長夜苦報也！

問：受戒羯磨文，若無授者，聽像前自受；梵網自誓受戒，必須要見好相，不見好相，不名得戒，何也？

答：受戒一事，須論因緣，因是內心殷重，緣是授受分明，修證貴因深，教道藉緣具。是以比丘律藏，嚴住持僧寶之體，專重衆緣；瓔珞地持，開趨向菩提之路，但觀因地；梵網最初結戒，理須二法並扶。故雖許自受，必見相爲期也。又復應知：如起信所明，或有衆生以大悲故，能自發心；或正法欲滅，以護法因緣故，能自發心。復有見佛色相，而發其心。今梵網求相，所以使發菩提地持像前得受，但指已發心者；梵網嚴立法，地持嚴擇人，互表裏也。復次瓔珞經云：『諸佛菩薩現在前受，名上品戒；法師相授，名中品；千里無師像前自受，名下品。』亦無求見好相之言，然猶約外緣分別。復有論云：『發增上心，得增上戒』；又心無盡者戒亦無盡，是約內因分上中下也。今人大須自審：果念念與悲智相應，上荷正法，下憫含生，便遵瓔珞地持。如雖希佛道，悲智未深，則須秉持梵網。或現有明師，心存憍慢，不從求受，別向像求，斯則兩經咸不聽，五悔終不成，既欲遠趨極果，豈容因地不眞？豪傑士斷不宜自誑矣！

問：大乘重內因，今時律師，可知人內因眞否？如不眞，得戒否？如不得戒，設犯還定罪否？

答：羯磨文有觀察當機之法，不知內因而妄授，不免無解作師之過，受者不善無記心，雖不發戒，然濫膺菩薩名，自當依法判罪，非比丘戒中竟以賊住論也。

問：懺罪羯磨，許向小乘悔過；梵網經不得向未受菩薩戒者說，尚不向說，可向悔邪？

答：住持僧寶，堪受懺悔，又聲聞人雖未識長者是父，實是眞子，非餘一切未受戒者比也。至半月說戒，遣之令出，是布薩常規，亦彈斥微旨，然當必有菩薩比丘主之，仍是攝取於僧矣。

問：梵網有見上座和尚阿闍梨及請二師之文；又五逆，加弑二師成七；今授戒，何止一師？

答：瓔珞地持，並止一師。又梵網受法，傳自什師，載於義疏，亦止一師。其請二師，是請佛菩薩，所云應如法供養二師，及弑二師成逆，則偏指比丘戒等二師。

問：重定受戒法，初已發菩提願，何後復令發四弘，招重繁過？

答：前審因，後秉法，前發心向道，後誓鎧莊嚴；前總後別；前覺悟始因，後要期極果；前一心思惟知識開示，後三寶加持道場尅證；由前故有後，由後以成前，豈云重複？如先請師，像前復請，又如授比丘戒，屏問遮難，僧中復問，亦重繁耶？

問：既謂機感有殊，授法不一，若簡若繁，俱無乖舛，則直宗一轍，何必會三家成一式？

答：始予獨遵慈氏羯磨，往往有嫌太略者，乃敢折衷會三爲一。但用經論成言，更不別加文飾。三典並現流通，想是機宜有在；聊順一時之機，匪敢執今非古？可用與否？一任後賢！

答比丘戒五問（原問附）

問：毘尼之學，人天可保，福盡將如之何？孰若宗教先開眼目，以道共戒爲急務，貴見地，不貴行履，詎不然乎？

答：毘尼之學，出世正因，戒波羅密，佛地方滿，豈僅人天福邪？宗教開眼，言雖相似，但離戒別談宗教，便墮惡見！溈山云『毘尼法席，尚未叨陪，了義上乘，豈能甄別？』荆溪云『用前四戒爲境，以六觀之，事理相卽。當知篇聚，一不可虧！世人蔑事，欲尙深理，驗知此觀孤虛無本，既虧觀境，觀亦無從，宗教誡訓照然，胡弗思也？』無上戒而判屬人天，捨律儀而空談道共，正見已破，行履必荒，惡趣三塗，敢保有分，人天不可得矣！

問：末世鈍根，只宜要略，四分律藏，世尙畏繁，何不宗四分戒本，略加旁註釋疑？

答：固守癡頑，終無釋疑之日，必須博學反約，乃克有濟。戒本旁釋，開遮持犯安能洞然？樂佛法者，既難以通習；懈怠者，仍未必學，進退失措，有何利益？

問：念佛一門，廣大簡易，一心念佛，自然止惡防非，律相浩繁，已非簡易，果極聲聞；又非廣大，不若專弘淨土之妙也。

答：持戒念佛，本是一門：淨戒爲因，淨土爲果。若以持名爲徑，學律爲紆，既違顧命誠言，寧成念佛三昧？多纏障垢，淨土豈生？夫如海無涯，豈不廣大？保任解脫，豈不簡易？故一心念佛者，必思止惡防非，而專精律學；專精律學者，方能決定往生，而一心念佛。現在紹隆僧寶，臨終上品上生，法門之妙，孰過於此？只一大事，何得乖張，取笑識者？

問：罪因譏嫌，制有隨方，此方不譏，何乖聖訓？又時丁末運，外緣不豐，內因微薄，必欲纖毫無犯，而演敎弘宗，則佛法不能廣布，完小節而失大益，豈菩薩本心？

答：如來一切知見，普爲大千衆生而制戒律，六羣等亦大權示現，曲體末世情態而示犯緣，正由人情懈怠，不肯輕重等護，致成末運！今欲弘宗演敎，必以持戒爲本，內因淳厚，外緣自豐；白毫相中一分光明，決非誑語。若以戒爲小節，便成謗法，談宗說敎，皆是儱侗瞞旰；設獲外緣，總名魔業，何益正法哉？

問：西乾列祖，三學精通，此間地僻時遙，人罕聞見；唯唐宋來數輩宗匠，踪跡彰著。然當其水邊林下，則以三條篾一把鋤，爲淸淨自活；逮其匡徒領衆，則以「一日不作，一日不食」爲眞實芳規。至於揚化接人，則以一棒一喝爲拈提向上，俱與律學不相應。好心出家之流，由行脚入山，至登座披衣，所倣傚者，無非此等。今還許從上諸祖是眞比丘否？若非，何紹祖位？若是，何不遵律？又今紹祖位者，例輕律學，從上諸祖，亦輕視否？又今紹祖位者，不遵戒而爲人授戒，從上諸祖，亦爲人授戒否？

答：祖有三類：一者、嚴淨毘尼，弘範三界，如遠公、智者、左谿、永嘉、荊溪、大梅、永明、高峯、中峯、楚石等是也。古今如此知識，亦甚衆多，所應景仰倣傚。

二者、丁茲末世，勢不獲已，遵佛遺命，捨微細戒；住靜則刀耕火種，領衆則墾土開田。然非時食等諸戒，仍自遵行，故晚用藥石，不用粥飯，德山托鉢，亦因視影。而此等知識，便不肯爲人授戒，所以唐宋以來，有禪講律寺。初出家多學律，律有得則以律名家，無得則習講參禪；但捨微細戒，不捨重戒及性戒也。復有徑投禪教者，此卽乘急戒緩，然亦護根本五戒，斷無毀重之理，而決不敢自稱比丘，輕視律學，但愧未能以爲慚德，至出世接人，或重登戒品，性遮皆淨，如六祖等。或單提向上，獨接一機，如壽昌等。人問壽昌：『佛制比丘，不得掘地損傷草木，今何耕種芸穫？』答云：『我輩秖悟佛心，堪傳祖意，指示當機，令識心性耳，正法格之，僅稱剃髮居士，何敢當比丘名？』『問：設有如法比丘，師何以視之？』答：『當敬如佛，待以師禮；非不爲也，實未能也。』又紫柏大師生平一粥一飯無襍食，脅不著席四十餘年，猶以未能持微細戒，終不敢爲人授沙彌及比丘法；必不得已，則授五戒法耳。嗟乎！從上諸祖，敬視律學如此，豈敢輕之？若輕律者，定屬邪見，非宗匠也。

三者、大用現前，觀機利益，破他疑執，不拘恆規。如文殊菩薩執劍逼佛，三處度夏。重勝比丘與女同坐，令證無生。乃至寒拾之訶律主，歸南之斬貓蛇。譬良醫砒霜治病，大將奇計除賊，而不可爲典要。又凡訶佛駡祖，痛棒毒喝，皆不得已而用。所謂兵者不祥之器，非布帛菽粟也。用得當迹似違律，實眞持律，以得律意故，如經謂末利夫人飲酒救殺，佛讚其眞持齋戒；菩薩見機得殺盜等，於菩薩戒無所違犯，生多功德也。若失其宜，將作門庭施設，如優孟之學叔敖，宗既非宗，律又非律，謗大般若，疑誤後學，三塗劇報，何由得免？設亦誘引愚流，作種種福，福力所持，不卽墮落，終爲外魔眷屬，非佛弟子！末世多此妖邪，誑惑世間，魔所攝助，多得供養，聚衆百千人，眷屬兒孫徧天下，毀戒毀敎，破壞如來眞正法輪，愚小無知，羨彼名聲而爭倣傚，令好心出家者皆墮其黨，求升反墜，哀哉痛心！然由仍以三寶爲所緣境，罪報畢時，還藉佛法僧戒之力而得度脫。魔王語佛：『吾於汝末法中，令眷屬食汝飯，著汝衣，破壞汝法。』佛言：『汝但自壞，法不壞也。』今欲不墮三塗，竟登聖果，請必從持戒始！若挂名受戒又輕視戒法；既不精戒法，又為人授戒，既為人授戒，又不教學戒，且言戒是小乘，不須習學，則決墮三塗，為魔眷屬，自受其苦，無人能代，終亦必皆成佛，我不敢輕之矣。

答印生四問（原問附）

問：未得戒時，以何法攝心？十戒有犯，許懺悔否？懺悔後，即許進具否？作何懺法，方名得戒？

答：得戒須具殷重心，清淨心，希求勝法。懺悔須具慚愧心，決斷心，前惡境。卽此爲攝心法。卽此是得戒因。十戒有犯，誓不更造，律許進具；應鄭重，不宜欲速！

問：一代時教初心許徧閱否？參禪許看教否？若悟後方看，此生恐難保任？若麤了卽參，又恐知解纏繞？

答：看教貴精不貴多，一部中精研妙義，徹骨徹髓，自然旁通衆典，勢如破竹。欲徹骨髓，必須看時卽是觀心。旣曰觀心，功同參悟，原非尋言逐句，有何相礙？教理資神，如膏助火，是在精了其義，不應麤了；未能精了，而曰知解纏繞，何異戰敗之士咎武藝太多邪？

問：黃蘗已前無話頭，未審何法得悟？我今當從何入門下手邪？作何主宰不被境奪邪？何時當見人？何地方究竟邪？幸詳示之！

答：直下知歸，那有實法？參話本後世方便，死人偸心耳。從上諸祖，但向本分中留心；只今學人，須向本分中下手！一切時，一切處，只爲此本分事。自不見有境，豈爲所奪？善知識者，時時當見，決擇身心，直至圓滿菩提，方爲究竟。是在當人發大勇猛，擴大虛懷，啓迪大智，長養大悲；捨一切愛見，修一切方便，乃不墮外道二乘權敎諸境界耳！

問：參究念佛之說，當得話頭否？既恐今生不悟，來生難保，故用此法，以攝往生；然又恐爲參禪開一退步，當作何融通耶？一生參禪，臨終發願何如？

答：衆生顚倒，轉說轉疑，吾今徹底道破，亦令當來諸有志者毋泣歧路！既一門深入，何須疊牀架屋，更涉參究？但觀蓮宗諸祖，便知淨不須禪。

若爲大事因緣，有疑未破，欲罷不能，而行參究，正應殷勤回向西方；但觀永明等諸大祖師，便知禪決須淨，本分中事了然可辨，何須曲爲融通也？信則便信，疑則別參！

退戒緣起幷囑語

智旭生於萬歷己亥，二十四歲壬戌，爲天啓二年，痛念生死事大，父未葬，母不養，決志出家。時紫柏尊者已寂圜中，雲棲老人亦遷安養，憨山大師遠遊曹溪，力不能往，其餘知識，非予所好。

乃作務雲棲，坐禪雙徑，訪友天台，念念趨向宗乘，教律咸在所緩。後因幾番逼拶，每至工夫將得力時，必被障緣侵擾。因思佛滅度後，以戒爲師，然竟不知受戒事，何爲如法？何爲不如法？但以雲棲有學戒科，遂從天台躡冰冒雪來趨五雲，苦到懇古德法師爲阿闍梨，向蓮池和尙像前頂受四分戒本；此二十五歲癸亥臘月初八也

甲子臘月二十一，重到雲棲受菩薩戒。

乙丑春，就古吳閱律藏四旬餘，錄出事義要略一本。此後仍一心參究宗乘矣。

戊辰春，雪航檝公留住龍居，再閱律藏一徧，始成集要四本。

己巳春，送惺谷壽公至博山薙髮，無異禪師見而喜之，即欲付梓；予曰：「未可也。」是冬同歸一籌師結制龍居，更閱律一徧，訂成。

庚午正月初一，然臂香刺舌血致書惺谷，三月盡，惺谷同如是昉公

從金陵回，至龍居，請季賢師爲和尚，新伊法主爲羯磨闍梨，覺源法主爲教授闍梨，受比丘戒。予三閱律，始知受戒如法不如法事！彼學戒法，固必無此理；但見聞諸律堂，亦並無一處如法者！是夏，爲二三友盡力講究，不意或尋枝逐葉，不知綱要；或東扯西拽，絕不留心；或頗欲留心，身嬰重恙，聽不及半；其餘緣衆，無足責者。予大失所望！解夏後，結壇持大悲呪，惺谷以此書呈金臺法主，隨付梓人。次年，予入壇持大悲呪十萬，加被之；然已發念退休。越二年，癸酉安居，作八鬮，供佛像前，然香十炷，一夏持呪加被，自恣日，更然頂香六炷，拈得菩薩沙彌鬮，深自慶快！願永作外護，奉事如法比丘。孰意末運決難挽回，正法決難久住！予又病苦日增，死將不久。

追思出家初志，分毫未酬，數年苦心，亦付唐喪；撫躬自責，哀哉痛心！

恐混迹故鄉，虛生浪死，故決志行遁，畢此殘生。以手書集要全帙，謹付徹因海比丘，仍涕泣而囑曰：『嗚呼！佛法下衰，斯時爲盛！毗尼一脈，不絕如絲；教道禪宗，尤爲混亂。予數年苦心，未能砥狂瀾於萬一，僅成此書，幷問辯音義各二卷，一文一字，罔敢師心，一義一法，咸符聖教。蓋不惟律部精髓，亦禪教綱維；由斯戶可升堂入室，執斯鏡可照膽辨邪！惜公根性稍鈍僅知開遮持犯條目，未達三學一貫源委，且福相未純，智慧力薄，缺於辯才，短於學問，豈能卽弘傳斯道？但念公之從予遊者五夏，有三事足取焉：幾番惡辣鉗錘，難堪難忍，絕無退心，縱未頓改舊觀，番番略有進益。有人如法受具，未肯細心行持，惟公聽集要後，輕重諸戒，悉思躬行。予癸酉甲戌，徧罹苦患，公獨盡心竭力，相濟於顛沛中，毫無二心。充此三善之致，何必不可荷擔正法？但須解行雙修，戒乘俱急，虛其心，實其志，擴其眼界，牢其脚跟，盡在我修持，任外緣自集，萬勿輕舉妄動，貽羞法門！儻煩惱未伏，慧眼未開，辯才未具，學問未充，縱有福運，須力卻之；況作意邀求邪？苦身形，堅願力，依念處而精進行道，以律藏爲法身父母，臨深履薄，守茲一脈！儻遇英哲，當殷重付囑之；無其人，寧供塔廟尊像中，愼莫授非人也！天定能勝人，人定亦能勝天，予運無數苦思，發無數弘願，用無數心力，不能使五比丘如法同住此天定也。然此思此願此心此力，豈遂唐捐？公若善繼吾志，敬守之以竢後賢，庶幾亦可稱人定乎？始終不忘吾囑，千里同風，否則塵劫永隔矣。勉哉！』

法語（選三十二則）

示印海方丈

先開見地，後可言修證。欲開見地，不得姑待異日。夫決擇身心，無過師友商確，經論尋討。今商確僅作言談會，尋討僅作文字會。必待冷坐方名工夫成片；縱得成片，動境依然兩橛。況動既不能隨處體會，靜又安保成片哉？眞工夫不然，無論世法佛法，動靜順逆語默，但發慧眼，鎔習氣，磨礪身心，增益我所不到者，卽實工夫！只期本分相應，更無動靜之別。儻不向本分會取，徒謝絕人事，枯守蒲團，敢保驢年無相應分，況塵緣無盡邪？應以猛切心治姑待心，常念時不待人，一蹉便成百蹉！以殷重心治輕忽心，一言有益於己，便應著眼銘心！以深廣心治將就心，期待誓同先哲，舉措莫類時流！三若缺一，學道難矣！

示法源

念佛工夫，秖貴眞實信心！第一要信我是未成之佛，彌陀是已成之佛，其體無二。次信娑婆的是苦，安養的可歸，熾然欣厭。次信現前一舉一動，皆可迴向西方，若不迴向，雖上品善亦不往生。若知迴向，雖誤作惡行，速斷相續心，起殷重懺悔，懺悔之力，亦能往生。況持戒修福種種勝業，豈不足莊嚴淨土？只爲信力不深，勝業淪於有漏，又欲捨此別商，誤之誤矣。但加眞信，一切行履，更不須改也。

示初平

人知宗者佛心，教者佛語，不知戒者佛身也。盧舍那佛，以戒爲體；惡無不止故淨，善無不行故滿。儻身既不存，心將安寄？語將安宣？縱透千七百公案，通十二部了義，止成依草附木無主孤魂而已！

示羅性嚴

剃髮染衣，會有良時，歸戒聞修，不勞諏日。非歸戒無以爲出要之本，非聞修無以開出要之門！佛法染神既深，解脫機緣自湊，否則前牽後引，歲復一歲，淨信初心，漸至牿亡，非丈夫所以自奮也！

示無雲

舉手低頭，皆成佛道，開示悟入，妙在不別覓玄奧。無相不離有相，解脫不離文字，究竟不異初心，若以生滅心觀一切法，設有一法過涅槃者，亦是生滅數；若以不生滅心會一切法，是法住法位，世間相常住。豈得漫云塔是土木，經是紙墨耶？急薦取可也！

示夢西

欲坐斷凡聖情解，頓明佛祖心源，不可絲毫夾雜！然所謂夾雜，正不在看經尋論，乃在世間利名煩惱我慢慳嫉放不下！嘗見主宗乘者，動以經論爲雜毒，反置習氣於不訶，豈知古英傑凡情先盡，故但埽其聖解。今人濁智流轉，不向痛處加錐，云何出得生死？且如婆子燒菴公案，須向自己脚跟下理會。可笑世人欲代轉語，望婆子供養，面皮厚多少哉？須不欺心，的的覷破那僧及婆子落處，卽自己落處，便是出生死眞實路頭；切不可向解路卜度，失卻自己鼻孔！其二六時中用心方便，妙在從緣薦得，不宜固守枯寂，塞妙悟門，直摎碎虛空，再來理會。

示攝三

聽講不得徒事口耳，先應諦思：佛爲何事說經？我爲何事學經？若知佛所爲何事，則不耽著文言；若知我當爲何事，則不貪逐名利。不逐名利，則杜外謗；不著文言，則善悟理。悟理則本立而道生，杜謗則德孚而物化；可以自利可以利他。不然，學問愈多，去道愈遠；學人愈盛，法門愈衰，師蟲之記，良足畏也！

示律堂大衆

流俗知見，不可入道。我慢習氣，不可求道。未會先會，不可語道。宴安怠惰，不可學道。顧是惜非，不可謀道。自信己意，不可問道。捨動求靜，不可養道。棄敎參禪，不可得道。依文解義，不可會道。欲速喜近，不可悟道。隔小於大，不可見道。執穢爲淨，不可知道。厭常喜新，不可趨道。樂簡畏繁，不可明道。將就苟且，不可修道。得少爲足，不可證道。惟超羣拔俗，謙己虛心，忍苦捍勞，親近知識，觸處體會，以敎印心，廣大悠久，事理雙備，棲神淨域，履蹈典型，博通古今，特達勇銳，深心無極，誓窮法海源底，乃眞實男子出世丈夫！

示存朴

夫比丘者，體預僧寶之尊，職紹佛法之種，須超羣拔俗，迴脫流俗知見，方無愧厥名！儻故轍不改，則一舉一動，罪案如山，一旦業風吹去，袈裟下失卻人身，苦中之苦！人間五十年，四王天一晝夜，有何實法可戀？若不急尋出要，寧唯一錯百錯，塵沙劫數，未有了期，血性漢子，能勿悚然在念乎？

示眞學

眞學以解行雙到爲宗趣，非開解無以趨道，非力行無以證道。而解行又有大小漸頓不同，若但求一出生死法門自度脫者，小解小行也；若徧通一切法門自利利他者，大解大行也，若先解後行者，漸也；若知解行同時，隨文入觀，不離語言而得解脫者，頓也。如兵卒習一伎，可殺一賊，取一賞，糊數口；又市醫僅知一方，可療一病，取一直，贅厥身；則聲聞緣覺是也。若任大將，作大醫者，必盡知韜略，徧達方味，然後向無不克，治無不驗；圓頓行人，通達萬法，圓悟一心，自行則無惑不破，化他則無機不接。今欲徧通一切法門，雖三藏十二部，言言互攝互融，然必得其要緒，方能勢如破竹，爲聖賢者以六經爲楷模，而通六經必藉註疏開關闢，爲佛祖者，以華嚴法華楞嚴唯識爲司南，而通此諸典，又藉天台賢首慈恩爲準繩。蓋悉教網幽致，莫善玄義，而釋籤輔之。闡圓觀眞修，莫善止觀，而輔行成之。極性體雄詮，莫善雜華，而疏鈔懸談悉之。辨法相差別，莫善唯識，而相宗八要佐之。然後融入宗境，變極諸宗，並會歸於淨土，以此開解，卽以此成行。敎觀齊彰，禪淨一致，遠離擔板之病，不墮數寶之譏，可謂慶快生平卓絕千古者矣！

示廣戒

無量法門，不出三學。一往戒定屬緣因，慧學爲了因，實三學之中，三因圓具。又次第則因戒生定，因定發慧，後後勝前，推本則戒無定慧，猶尅善果；定慧無戒，必落魔邪。思之思之！

示定西

儒者民胞物與，盡此身命，尚不可不弘毅，況塵刹不隔毫端，十世不離當念者乎？夫眞弘者，聲聞緣覺，權乘果位，猶不足挂懷，安問世間名利？眞毅者，百劫千生，不生一念退失，安問現在境緣？今時釋子只圖作宗法律師，設無出頭一著，雖頓超佛地者，亦不顧矣。本發心原非爲菩提大道，曠劫遠猷；故一受戒，兢兢鉢杖表相；一聽講，孜孜消文爲事；一參禪，念念機鋒是務。至應期禁足閉關等，皆百年活計，人世公案，本分事千萬重矣。彼於微妙佛道，僅從經本上依稀聞解，未嘗親知灼見，終屬半信半疑於眼前活計，未嘗諦觀三界空苦無常，終覺放他不下。雖學成語，陵駕佛祖，實一時高興；或初生牛犢不畏虎，或童豎戲劇自稱天王，未嘗以佛祖自期也。間有發勝志者，不能到底，唯爲菩提一事，或被名利改節，雖云漸變初心，仍是因中夾帶，不可不愼思而痛勵也！

示費智瀾

學不難努力自修，難親近知識；不難高談名理，難實踐躬行。蓋單恃己靈，錯修多端；尊師取友，熏習成性。空談玄妙，畫餅不益饑腸；尅實行持，觸處無非緣了。願以放生寡欲爲要，長壽之因，養身之道，能達無緣大慈成清淨梵行，以此銘心，久久自成法種！

示慈門

達磨一宗，超情離見，迴出格量。近世各立門庭，競生窠臼，認話頭爲實法，以棒喝作家風；穿鑿機緣，杜撰公案，謗讟古人，增長戲論；不唯承虛接響，且類優人俳說，言之可恥，思之可傷！唯憨翁具金剛眼，鑒時流弊，說方便語，作救病藥，寧註經造論以觸時諱，終不據曲盝木，弄鬼眼睛，使狂穢藉口。噫！此大菩薩護法苦心也！開士侍大師，又遊雲門博山間，夫識取綱宗，本無實法。藥非定藥，病非定病，善用諸方短處皆成長，不善用大師長處亦成短。學人不具參方眼，纔除一病，一病旋生；須脫流俗窠臼，的向腳跟下打透眞禪眞教眞律，方不負爲大師親侍也！

示象巖

如來謂出家三種事業：坐禪，讀誦，營衆福業；隨修一種，皆超生脫死，成就菩提。而修必隨機，藥病不投，徒增穴結。或一門到底，或展轉助成。然自無道眼，須善友敎，如重病者，須信良醫；若信己意，應服不服，應忌不忌，小疾尚致死，痼疾寧有瘳？今時喪心病狂無恥禪和，影響竊掠，聽其言超佛祖之先，稽其行落狗彘之下！復有一輩怯弱之人，我相習氣放不下，名利關鎖打不開，希望討一適性便宜的路頭，不肯徹底向一門中透去！禪不禪，敎不敎，律不律，行門不行門，依稀彷彿，將就苟且，混過一生，毫無實益！百千萬劫，依然還在生死！若的確求出生死，證菩提，先將近時禪講流弊，盡情識破，自己從來杜撰主意，盡情放捨；軟煖習氣，盡情打掃乾淨；夢幻身命，盡情拚得拋得；種種惡逆境界，盡情看作眞實受益之處；名利聲色，飲食衣服，讚譽供養，種種順情境界，盡情看作毒藥毒箭！能如此降伏，不坐一炷香，看一句經，保出生死有分。儻不痛處加錐，欲向法邊起見，假饒坐斷八萬四千劫，通盡三藏十二部經，只好向無事中過日。一遇順緣，依舊牽去；一遇逆緣，依舊打失；一不覺察，依舊落在無記；如何出得生死？到得西方？成無上菩提？圓覺經云：『末世衆生，無令求悟，唯益多聞，增長我見，但當精勤，降伏煩惱！』須知坐禪讀誦作福，皆可增長我見，可降伏煩惱；但審自己何事最切近，最對病根。今在汝數年作學問不成，一旦願齋僧而就便，是夙緣有在。又身見重者，宜苦行消之！貪愛强者，宜苦境鍊之！人我山高者，逆緣挫之！體面心重者，忍辱治之！一意向此門打徹，自能游戲百千三昧，通達無量法門；較枯守蒲團，咿唔章句，不可同劫語矣！

示閱藏四則

一、須體如來說法本意，要人超生脫死，非為口耳活計，句句消歸自心，如說修行，方不受說食數寶之誚！

一、學問之道，貴下學上達，所以如來施教，必有次第。今人空腹高心，但圖圓頓之名，無力飲河，詎能吞海？必先閱律藏，稔知佛世芳規，深鍊為僧要務。次閱四阿含，了正因緣境，為圓妙三觀之本。次留心台教，深知如來說法所以然之妙及四悉檀巧被之致，然後將此法界匙鑰，徧開不思議經論之鎖，勢如破竹矣！

一、閱律首四分，次僧祇，次十誦，次根本，次五分，次及善見毗尼母等，諸家傳受不同，各有源委，線索須細尋之！無執一非餘，亦無猶豫兩楹，在得意善用。大意如問辯所明，莫謂此小乘法不足久久留心，當捨之別參上乘，是末世癡人邪慢惡見，牽人墮惡道深坑，不可信也！

一、大小經律論，雖字字明珠，言言見諦，然各就習氣所重，對治所宜，或隨時弊不同，救拯有異，不妨摘出要語，期自利利他，如雪山無非藥，採者期於對病；寶山無非寶，取之先擇摩尼，只此成錄，足驗手眼！

示元印

立身行己之道，志欲剛，氣欲柔。志不剛，不足成千古品格；氣不柔，不足陶多生習氣。夫衆生所以淪苦海者，無他，任情適意，好順惡逆，不深求出要故也。書云：『言逆汝，必求諸道；言遜汝，必求諸非道。』爲君尙然，況出世丈夫者乎？出世丈夫，以佛祖自期，以四弘爲券，以六度萬行爲家常茶飯，以自利利他爲的。

示慈昱

佛法大海，信爲能入，智爲能度。信如堅舟，智如柁師；餘五度萬行，皆舟中器具也。須時時念生死苦，警悟無常，不得沈迷五欲，執著世情。知世情定了我生死不得，五欲定牽入放逸坑，墮惡道苦，此生死長夜中眞實信心！發此心已，急求智慧以爲導師！第一親近明師良友，第二讀誦方等大乘；非明良決不能益我身心，非大乘決無有出世正楷。人有信心而無智慧，則能增長煩惱，有智慧而無信心，則能增長邪見。故知船及柁師，相須度險，缺一不可，況俱乏邪？

示漢目

大佛頂首示眞心，隨勸修直心。直心有事有理，理則正念眞如，事則四威儀一切行中毫無虛假是也。末世禪和，不爲生死大事，裝模做樣，詐現威儀，不眞實學禪敎律徒記兩則公案，辨幾句名相，受三衣一鉢，以爲佛法盡此矣。嗚呼！此何心哉？今止觀此一念假借佛法之心，出得生死否？成得佛祖否？又觀此念爲在內外中間諸處否？爲從自生，從他生，爲自他共生，爲無因生，若一念虛假之心，既無生無體，無方隅處所，則妄想顚倒寂滅，而常住眞心宛然呈露矣，是謂由事直心，以合於理直心也。其深思力研之！

示解天

具參方志，尤須具參方眼；具參方眼，還須不忘參方志！參方志者，不爲虛名，圖體面，博一知半見；發無上大菩提心，徧學一切法門，無厭無足。

參方眼者，末世師匠。邪正難分，今自卓立，不論宗教，但與出生死相應，名利不相應，大菩提相應，眼前活計不相應者，則爲正，反此則爲邪。正則依，邪則捨。具眼不忘參方志者，本求無上菩提，雖邪正分明，不妄生憎愛，善吾師，不善吾資，但隨緣觸境，增長道心智眼而已。此本分中最要緊事！其餘叢林粥飯習氣，萬萬不宜沾染，亦不必厭惡也！

示惺白

佛法之衰也，名利熏心，簧鼓爲事，求一眞操實履者，殆不可得！有能持戒精進，讀誦大乘，不馳世務，縱道眼未開，亦三世諸佛所歎許也！况了必藉緣，非持戒讀誦，何處得有道眼？今講家多忽律行，禪門并廢教典，門庭愈高，邪見益甚！開士既精非時食戒，勤讀方等大乘，但於戒教二門，深造自得。鑿井不已，必得及泉；鑽木不息，必得出火，無勞更覓玄關也！觀經謂：『具諸戒行，讀誦大乘方等經典，皆上品上生。』操此劵以往，吾當攜手珍地華池，斯時憶及今日得悟不得悟之疑，當不勝破顏大笑矣！

示世間

禪教律三，同條共貫，非但春蘭秋菊也。禪者佛心，教者佛語，律者佛行；世安有有心而無語無行，有語而無行無心者乎？今之學者，不惟分門別戶，縱發心徧學，曾不知其一以貫之。所以一入律堂，便將衣鉢錫杖爲標榜；一入講席，便將消文貼句爲要務；一入禪林，便將機鋒轉語爲茶飯。迨行脚十廿年，築得三種習氣飽滿，便思開一叢林，高踞方丈，自謂通禪通教通律，橫拈豎弄，七古八怪，騙惑愚迷，牢籠世智，及以眞正佛心佛語佛行覈之，鮮不公然背者！此無他，最初參學，既不具正眼，又不具眞正大菩提心，又不具眞正爲生死心故也。不爲生死，決不能發起大心，不發大心，決不能開發正眼。欲眞爲生死，別無他術，須識三界無非是苦，現在身心便是苦具；不知苦故，重造苦因。今以四大觀身，四蘊觀心，了知無我，我所，秖緣迷惑，枉受輪迴。深生慚愧，猛求解脫，此卽眞實爲生死心。而又了知心佛衆生三無差別，諸佛已悟，衆生尙迷；我今既知此理，誓與衆生同證正覺，此卽眞正大菩提心。發此心已，又知設有一事不合佛行，一言不合佛語，一念不合佛心，則不足自利利他。三千威儀，八萬細行，皆磨礱眞性之具，斷不在衣鉢錫杖間；便應洞明作犯止持及開遮方便，方成佛行！十二分敎，三乘聖典，皆指點心性之詮，斷不在名句文身間；便應痛究徧圓權實，及體宗力用，方解佛語！拈花豎拂，種種機緣，皆點鐵成金方便斷不可落識情卜度邊；便應直下覓心，了不可得，不於心外商量古人公案，方契佛心！夫佛心己心，豈有二哉？觀現前一念心了不可得，不復誤認緣影爲心。方知一切諸法，無非卽心自性。既知一切法皆卽自心，則佛心亦卽自心既知佛心卽是自心，則佛語佛行，何獨非自語自行乎？不於心外別覓禪敎律，又豈於禪敎律外別覓自心，如此則終日參禪看敎學律，皆與大事大心正法眼藏相應於一念間矣！豈以枯禪默照爲觀心哉？

示蒼牧

生死大海，戒爲舟楫欲受戒品尤以發菩提心爲本。蓋菩提心，正出世戒體，大小律儀，則菩提心之相也。發出生死心，降伏愛見，是聲聞戒體；

發上求下化心，自調調他，是大乘戒體，發生佛體同平等普度心，是最上乘戒體。既發心已，專精護戒，纖細無虧，即三乘正行也。持戒不發心，止得世間樂果；發心不持戒，難免三塗苦輪。故須本末兼舉，始終一致，方能保任解脫，名波羅提木叉。不然，有目無足，有足無目，何能速到清涼池哉？

示開一

儒云『吾道一以貫之』又云：『執一賊道，舉一廢百。』內典云：『達得一，萬事畢』又云：『是一非餘，是爲魔業。』嗟乎！一豈有定法哉？得鳥者網之一目，不以一目廢衆目，收功者棋之一著，不以一著廢衆著。一切法莫如法華妙，而法華能妙一切法，不離一切法別爲妙也。一切法莫與般若等，而般若能等一切法，不離一切法獨無等也。末世秖圖鼻孔撩天，不顧脚跟著地，秖喜說妙說玄，高提向上，全無眞操實履，下學工夫，言居佛祖先行落凡愚後！既未知爲實施權，權是實家之權；又烏知開權顯實，實是權家之實？法友鑒此，向一實地中，㕔開三學萬行，所開雖廣，無一非實也。

示養德

學道之人，骨宜剛，氣宜柔，志宜大，膽宜小，心宜虛，言宜實，慧宜增，福宜惜，慮宜遠，思宜近；事上宜虔，接下宜謙，處同輩宜退讓！得意勿恣意奢侈，失意勿抑鬱失措！作福莫如惜福，悔過莫如寡過！應念身世苦空，切莫隨流逐隊！衣取蔽形，莫貪齊整！食取克餒，莫嗜美味！嘗省此世，前生作何功行，可坐享檀施？十二時恆簡點身口意業，善多邪？惡多邪？無記多邪？堪消四事邪？不堪邪？如此慚愧覺悟修省，自然習氣漸消，智光漸露，祖意佛意，顯於一念清淨心中矣。

示予正

研眞窮妄名之爲學，蓋能深造自得，則左右逢其源，故愈博而愈約；否則愈博愈無頭緒，去道亦愈遠矣！古人發心出家，必矢志參學，由痛念生死事大，無常迅速，『此身不向今生度，更向何生度此身？』所以三登九上，百城煙水，不憚其勞，念念了當大事，豈肯著相計名，尋行數墨，附葉攀枝，以徒資口耳哉？末世不然，名爲欲續如來慧命，撐如來法門，而不知痛爲生死，惟積學問，廣見聞，冀可登座揮塵而已！嗟嗟！不與菩提大心相應，云代佛揚化，吾不信也！不與爲生死心相應，云大菩提心，尤不信也！勝負情見不忘，僅成阿修羅法界，名利眷屬意念不忘，僅成三塗魔羅種子。隨其所見所聞而起法執不能捨棄名言習氣，不達如來說法旨趣，不知種種四悉因緣僅成凡外戲論窠窟。學問益多，害心益甚，學人益盛，正法益衰，吾所以每一念及，未嘗不夢寐痛哭者也！

示眉慧

學道貴有品格，有識量，而文字記問不與焉。有品格無識量，不足曠超千古，猶無品格也。有識量無品格，不足砥柱中流，猶無識量也。品格識量既具，則不被眼前活計所局，時流習氣所遷。縱鈍若般陀，而拂塵除垢四字義熟，便堪證沙門果，發無礙辯；況本解文義者哉？嗚呼！法門之衰至今日，不忍言矣！剝必復，否必泰，若要梅花香撲鼻，還他徹骨一番寒，豪傑之士，宜何如動心忍性，以無負己靈也？

示語幻

法門之衰，已非一日，而致衰之故，由因地不眞！今人發心參學，罔不以扶持法門爲志。及察其所謂扶持者，不過曰開叢林，建梵刹，攢指五千一萬，災梨殺青無虛日，嗣子皆才華名世，美丰神，座下戒子，鉢杖圍繞數十匝，薙度徒衆，環里市而處，如錯星；乃至紫綬金魚，乘高車肥馬，往來山林間，絡繹不絕而已！故下手時，便從世諦流布中著眼，便向門庭施設處安排，而佛祖眞命脈，遂爲此等人埋沒殆盡！

示亘方

天台接龍樹聞知之傳，闡鷲峯開顯之妙，權實同彰，敎觀並舉，如三代禮樂，超卓萬古，非漢唐雜霸雜夷之治，能彷彿萬一也。後世逐流忘源，漸成繁蕪，而矯枉過正者，又復束置高閣，適令諸侯之惡其害己者，益無忌憚；公然以疏抗經，粗抗佛。噫！可悲甚矣！妙峯老人出月亭之門，而力弘台旨；紹覺老人私讀大覺遺籍，而偏演三宗，紹師雖無的傳，妙師專傳無盡師，於是世間復知有台宗名字；逮今日又未免名盛實衰矣！予本宗門種草，因感法道陵夷，鑒近時禪病，思所以救療之者，請決於佛，拈得依台宗註梵網，始肯究心三大五小。愧無實德，不克以身弘道，然於古之妙，今之弊，頗辨端的。蓋台宗發源法華，法華開權顯實，則無所不簡，無所不收，今之弘台宗者，既不能偏收禪律法相，又何以成絕待之妙？既獨負一台宗為勝，又豈不成對待之麤？是故台既拒禪宗法相於山外，禪亦拒台於單傳直指之外矣！夫拒台者，固不止於不知台者也，拒禪與法相者，又豈止於不知禪與法相而已哉！寧學聖人未至，不願以一善成名。噫！果不以一善成名，聖人亦無不可學至之理矣！

示吳景文

無法不從心造，無法不卽心具。識取自心，佛祖道盡矣。心造者，卽理恆事也；心具者，卽事恆理也。卽理而事，謂之百法；卽事而理，謂之大乘。百法是理家之事，全事卽理，故云『一切法無我』，無我卽二空眞如，欲不謂之大乘，不可得也。大乘是事家之理，全理成事，故以止觀所依等五番建立，攝盡三千性相，百界千如，欲不謂之百法，不可得也。故欲透唯識玄關，須善台衡宗旨；欲得台衡心髓，須從唯識入門。未有日用尋常分劑頭數，尚未了了分明，而漫擬玄妙者？法華『諸法如是相，如是性，乃至如是本末究竟等，』相最在初，以其攬而可別故也。設現前心起之相，尚不知是王是所？是善不善？有覆無覆？於三量中爲是何量？於三境中爲緣何境？彼若性若體，乃至果報，何由洞然明白？設於事造一界十如，尚未能了，又何由卽事造而達理具之百界千如？又何由卽事造之理具，遂洞照了達卽理具之事造百界千如？嗚呼！台衡心法不明久矣，彼蓋不知智者淨名疏，純引天親釋義故也！疏流高麗，莫釋世疑。而南嶽大乘止觀，亦約八識辨修證門，正謂捨現前王所，別無所觀之境；所觀既無，能觀安寄？辨境方可修行。止觀是台衡眞正血脈，不同他宗泛論玄微；法爾之法，道不可離！彼拒法相於山外，不知會百川歸大海者，誤也！

示如母

道不在文字，亦不在離文字。執文字爲道，講師所以有說食數寶之譏也！執離文字爲道，禪士所以有暗證生盲之禍也！達磨大師以心傳心，必藉楞伽爲印，誠恐離經一字，卽同魔說。智者大師九旬談妙，隨處結歸止觀，誠恐依文解義，反成佛寃。少室天台本無兩致；後世禪旣謗敎，敎亦謗禪，良可悲矣！予二十三歲卽苦志參禪，今輒自稱私淑天台者，深痛我禪門之病，非台宗不能救耳！柰何台家子孫，猶固拒我禪宗，豈智者大師本意哉？憾予爲虛名所累，力用未充，不能徹救兩家之失，但所得名字位中圓融佛眼，的可考古佛不謬，俟百世不惑。願如母但學予解，勿學予之早爲人師，庶法門有賴乎！

示六正

戒者佛身，律者佛行，禪者佛心，敎者佛語。有身行，無心語，木偶傀儡而已！有心無身語，無主孤魂而已！有語無身心，風鳴谷響而已！又有身心無語，嬰孩孺子而已！有身語無心，鸚鵡百舌而已！有心語無身行，癩人賣藥而已！由是觀之：三宗果可分乎？然自行斷不可分，化他又不必合：迦葉未嘗不持戒精嚴，博通佛法也，以禪名。阿難未嘗不深證六通，嚴持妙戒也，以敎名。優波離未嘗不廣解佛法，深入禪思也，以律名。又此土律師如曇無讖等，何嘗不備禪敎？法師如智者、荆谿、清涼等，何嘗不備禪律？禪師如六祖、南嶽、百丈、潙山等，何嘗不備敎律？末世不求其實，求其名，識短智闇，志小慮近，既乏大菩提種，又無眞實爲生死心，一味隨波逐浪，爭趨百年活計；做成一律師法師宗師，哄愚夫愚婦禮拜供養，苟且混過此生，豈復思有塵劫大事？其根稍利者，欲偏襲禪教律皮膚糟粕，妄謂能集大成，殊不知為三教帽子，反不如專一法者尚有小受用也。嗚呼！『欲速則不達；』『見小利則大事不成；』『人之患在好為人師。』眼前名聞利養，不啻白駒過隙，乃不能全體放下，深求出要，欺人只成自欺；吾所以目不忍見耳不忍聞，惟畢命深山早生淨土耳！六正數千里來求示三學不一不異之旨，必己知生死大事的確可痛！律師法師禪師虛名，的確不出生死，反增長生死！從此便應埋頭苦志力學三法，一一徹其源底，勿更覆時轍哉！

祖堂幽棲寺丁亥除夕普說

諸昆仲欲復本來面目，須破我法二執；欲破我法二執，先懲流俗知見。

何謂流俗知見？今人一出家參學，便要做善知識，只此豈非我執？又或以律非敎，以敎斥禪，以禪藐敎輕律，豈非法執？縱使和融，不互相非，亦罕兼善。且律師不問何等根性？概要人持律。法師不問何等根性？概要人聽經。宗師不問何等根性？概要人參禪。豈非我法二執？殊不知禪敎律三，皆如來隨機所說，豈有死法？吾今爲諸昆仲徹底說破，若眞爲生死持戒持戒亦必悟道；眞爲生死聽經，聽經亦必悟道；眞爲生死參禪，參禪亦必悟道；眞爲生死營福，營福亦必悟道。專修一法亦悟道，互相助成亦悟道以因地眞正故也。若想做律師受戒，想做法師聽經，想做宗師參禪，想有權勢營福，則受戒聽經參禪營福，必皆墮三惡趣。故智者大師云：「爲利名發菩提心，是三塗因；毫釐有差，天地懸隔，錯認定盤星，醍醐成毒藥。」

今受戒聽經參禪營福之士，口中亦說眞爲生死，心中未知生死大苦，火燒眉毛，且圖眼下，殊不知無始劫來，頭出頭沒，枉受多少辛酸？即今幸得人身，幸成僧相，亦經過多少艱苦？然猶未肯猛省發心，此與燕雀處堂何異？

且如今夜臘月三十，古人以喻大命盡時，何等迫切？今人且歡呼茶飲，曾不思百歲光陰，尚存幾許？豈不痛哉！

予出家時，母舅謂曰：『法師世諦流布，吾甥決不屑爲，將必爲善知識乎？』予曰：『法師是烏龜，善知識是忘八，總不墮此坑塹！』舅曰：『畢竟何爲？』予曰：『佛且不爲，況其他也。』舅曰：『既爾，何用出家？』予曰：『只要復我本來面目。』舅乃歎善。嗟嗟！予初志若此，尚被虛名所害，不滿本志，深以爲恥！況初心便要做善知識者邪？假使做得一箇世諦善知識，濟甚麽事？名利日重，正法日衰，壞周室者齊桓晉文耳！

又吾眼見耳聞諸善知識，唯紫柏大師一人已證無生，已得自在。其餘大老，建叢席，立規條，廣大周詳，名滿海內者，臨命終時俱未免牽纏係戀；反不若我憨翁大師及幽溪師伯，晚年一味默修，不管叢林中事，皆得脫然坐逝。又不若彼雪庭禪師，靈源法師，一生不拘小節，臨終亦得瀟然。

故知門庭施設，不惟無益本分，正復縈絆殺人！

吾憾障深力薄，戒品尙多缺略，持名猶屬散心，然旣深知生死過患，故決不敢裝模作樣，大膽欺心！

今二年聚首，不久擬別，故盡力抖擻屎腸，爲諸昆仲作此最後警策伏惟著眼珍重！

歙西豐南仁義院普說

諸仁者！生死事大，無常迅速。生不知所從來，死不知所從去，是分段生死苦。念念遷流，刹那不住，是變易生死苦。此二種苦：但是生死枝流，末是生死根源，如何是二種生死根源?不了一眞法界,不覺念起而有無明;妄於平等性中,分能分所,分色分心,分爲無爲,分漏無漏,分依正,分因果,分善惡,分苦樂,分內外,分大小,乃至種種虛妄分別,便是變易生死根源。不知一切法因緣無性,妄計我人衆生壽者等種種知見,妄起貪瞋癡慢等種種煩惱,便是分段生死根源。此二種根源,總不離現前一念虛妄無明。而虛妄無明,正眼觀來,不在內,不在外,不在中間,不在過去,不在現在,不在未來,非青黃赤白,非長短方圓,非色聲香味觸法,非眼耳鼻舌身意,當下卽是眞空實相;但由衆生不了,自生迷倒,流轉無窮。所以諸佛出現,祖師西來,直指人心,見性成佛,無非破此二種根源。

秖如二祖見初祖云:『我心未安,乞師安心!』初祖云:『將心來與汝安？』二祖良久云：『覓心了不可得。』初祖云：『與汝安心竟。』只此「覓心了不可得」一語，大須著眼！莫似鸚鵡禪但能學語。

我且問你，既了不可得，又誰爲覓心者？且如現前此身，不出地水火風空識六界：身中堅相是地界，溼相是水界，煖相是火界，動相是風界，骨節毫竅及腑臟疎通處，卽是空界，見聞覺知分別妄想是心識界。若謂堅相能覓心者，則大地皆能覓心；溼相能覓心者，江河海水皆能覓心。煖相能覓心者，燈籠火乃至劫火皆能覓心。動相能覓心者，大小風乃至毘嵐亦能覓心。空界能覓心者，現前虛空亦能覓心。見聞覺知能覓心者，又喚甚麼作見聞覺知？眼如葡桃朶，耳如新卷葉，鼻如雙垂爪，舌如初偃月，身如腰鼓顙，都是色法，如何能見能聞能齅能嘗能覺？意如暗室見，昏擾擾相，自不明了，如何能知？知見聞覺知既不可得，安能覓心？如是地水火風空識六界，皆不能覓心，畢竟誰爲能覓心者？若是箇有血性的男子，到者裏分疏不下，體會不來，決要討箇分曉，摻到水窮山盡處，如銅牆鐵壁相似；老鼠入牛角，直至沒興路頭窮，向有意無意間，忽然打失娘生鼻孔，方知能覓所覓，果然了不可得，方是宗門最初一步！若謂此外別有修行，便是天魔外道！若謂此後更無修行，便當朝打三千，暮打八百，貶向阿鼻地獄！

何以故如二祖半世弘法，將大法付與三祖後，更復混迹塵寰，濫同乞士，以自調心。咄！既覓心了不可得，何故又說調心？終非二祖前後自語相違。當知此事大不容易，潙山祖師云『此宗難得其妙，切須仔細用心！可中頓悟正因，便是出塵階漸；生生若能不退，佛階決定可期。』古來宗匠，於此一大事因緣，何等愼重眞切？豈似末世穢濁狂禪，纔得一知半解，便向人前妄開大口，自誑誑他，壞我祖意，貽禍無窮！

當知若從了不可得處安心，則更無一物可貪，卽是隨順修行施波羅蜜；更無一塵可染，卽是隨順修行戒波羅蜜；更無人我是非可論，卽是隨順修行忍波羅蜜；更無懈怠夾雜，卽是隨順修行精進波羅蜜；更無散亂妄想，卽是隨順修行禪波羅蜜；更無顚倒愚癡，卽是隨順修行般若波羅蜜，者箇方是應無所住而生其心。除此心性法門外，何處有戒可持？有敎可看？有禪可參？

況如來所制大小律儀，皆爲斷除現在未來有漏，直下安心，本是至圓至頓。如來所說一代時敎，皆是破除我法二執，直下安心，亦是至圓至頓。祖師千七百則公案，皆是隨機設敎，解黏去縛，斬破情關識鎖，直下安心，亦是至圓至頓。若不能斷有漏法，卽不知戒意；不能破我法二執，卽不知敎意；不能斬破情關識鎖，卽不知祖師西來意。既不知戒意敎意祖意，縱三千威儀，八萬細行，性業遮業，悉皆清淨，止是人天小果有漏之因。縱三藏十二部，無不淹貫，談說五時八敎，權實本迹，皆悉明了，止是貧人數他寶，身無半錢分。縱公案爛熟，機鋒轉語，頌古拈古，上堂普說等，一一來得，秖足長慢飾非，欺誑人天。皆所謂因地不眞，果招紆曲；邪人說正法，正法亦成邪。故圓覺經云：『末世衆生，無令求悟，唯益多聞，增長我見；但當精勤降伏煩惱，未得令得，未證令證，』此之謂也。

諸仁者！出生死事大不容易。蕅益道人二十四歲出家，眞爲生死大事，眞不著一毫意見，眞不用一點氣魄，眞不爲一些名利；只因藏身不密，為一二道友所偪，功用未純，流布太蚤，遂致三十年來，大爲虛名所誤，直至於今，髮白面皺，生死大事，尚未了當，言之可羞！思之可痛！所以平生誓不敢稱證稱祖，犯大妄語；誓不敢攝受徒衆，登壇傳戒。邇來幷誓不應叢林請，開大法席。蓋誠不肯自欺自誤故也！

今玄遂吳居士普爲緇素，特請開示超生脫死法門；蕅益自實未曾超生脫死，如何可開示人？然既同在生死海中，幸於出生死法，頗知眞正路頭，故不妨與諸仁者平實商量最初一步：果欲超生脫死，第一不得意見卜度，第二不得氣魄承當，第三不得雜名利心。適閩之南，適燕之北，路頭一錯，愈趨愈遠！此實言言血淚，字字痛心，秖恐「愁人莫向無愁說，說與無愁總不知』耳！諸仁者還知愁麼？

佛言：『得人身者如爪上土，失人身者如大地土，』一口氣不來，便向驢胎馬腹胡鑽亂撞，動經千生百劫，得出頭來，知是幾時？況末世邪師說法如恆河沙，『一盲引衆盲，相牽入火坑。』故永明大師云：『無禪有淨土，萬修萬人去；有禪無淨土，十人九錯路。』我憨翁大師又云：『今時若有禪無淨，奚止十人九錯，敢保十一箇錯在。』此皆深慈大悲眞語實語。伏願諸仁者，莫墮狂野覆轍，直須痛念無常，信願念佛，求生淨土！『此生不向今生度，更向何生度此身？』珍重！

毗尼事義集要緣起

毗尼藏者，佛法紀綱，僧伽命脈，苦海津梁，涅槃要道也。粤自雞園初唱，召善來而戒體斯成；迨夫鶴樹潛暉，申顧命而木叉是重。必因犯以乃遮，體則叶於無作；若緣開與隨制，用復契乎妙圓。實大小之通塗，詎聲聞之獨轍。

堪嗟像季，罕達眞宗，愚者昧於罔聞，狂者置諸弗屑，以禪機而巧遁，或方廣爲駕言。並屬依文，誰思實義？且如能師既佩心印，胡闡化曹溪，猶用登壇受具？觀師大弘華嚴，胡範模朝野，必須十誓律身？蓋大雄御極，法僧二寶，咸由正覺揚輝，而善逝藏機，佛法二尊，同藉僧伽建立！儻惟十重衆輕，郎與在家奚別？自非五篇七聚，安知離俗高標？是知梵網戒經，五道齊收，但除地獄，則以通而成其大。毗尼法藏，上許人倫，猶遮諸難，正以局而成其尊。必使仰慕大乘不甘小節，自可畜髮捨衣，作火中優鉢。如或情悲末法，有志住持，豈得恣情蕩檢，爲師子身蟲！

智旭自念障深，復悲生晚！痛隙駒莫贖，捨慈母以披緇；思樂土可歸，羨蓮師而私淑。綱宗急辨，每懷紫柏之風；護法忘身，願續匡山之派。睹時流以長歎，讀遺敎以增哀！

爰於甲子季冬，禮無量光塔，倍復發增上心。乞古德闍梨，證明學菩薩戒，次即備閱大小二律，輒宗四分，幷採餘家，錄爲事義要略。漫率愚蒙鄙見，難似大方；擬作巖谷資糧，無心兼利。

戊辰春，遇雪航檝公，有志嚴淨，因念向以入山心迫，所錄猶多疎漏，迺就龍居，再檢藏文，本部他宗，凡切要者，悉皆錄出，深詳輕重之宜，備顯開遮之準；兼參大律，委示別同。俾畏拘執者，不招謗小之殃；喜儱侗者，開藉大之口。考訂成帙，更名為毗尼事義集要。復同璧如歸一二友商確參訂，備闡其致。

嗚呼！斯集也，雖於妙高之體，不啻微塵；其在駑劣之資，已稱竭力。所憾解慧疏庸，躬行缺略，仰愧往哲，俯怍後賢！惟願同學善友，鑒我苦心，愍我不逮，一意秉持，共扶法運，庶報佛恩於萬一爾！

較定宗鏡錄跋四則

一

聖賢示現出世，覺悟羣迷，不得已而有言；言此無言之旨，即文字非文字，不離文字而說解脫，豈非實相觀照文字三般若，本非一異並別可思議哉？

永明大師，相傳爲彌陀化身，得法於韶國師，乃法眼嫡孫，宗眼圓明，梵行清白；覩末運宗教分張之失，爰集三宗義學沙門，於宗鏡堂廣辨台賢性相旨趣，而衡以心宗，輯爲宗鏡錄百卷，不異孔子之集大成也。未百年，法涌諸公擅加增益，於是支離雜說，刺人眼目，致袁中郞輩反疑永明道眼未徹，亦可悲矣！

予生也晚，不遇先輩宗匠，但留心己躬下事，已三十餘年。又時尋了義至教，頗窺一線，閱此錄已經三遍，竊有未安，知過在法涌，決不知永明也！癸巳新秋，删其蕪穢，存厥珍寶，卷仍有百，問答仍有三百四十餘段，一一標其起盡，庶幾後賢覽者，不致望洋之歎，泣歧之苦矣夫！

二

西土諸祖，宗說兼通，故能續佛慧命，普利人天。此土如北齊、南嶽、智者、杜順，未嘗不以禪關爲本，達磨六祖五宗諸老，未嘗不以聖教爲印斷，未有師心自是可名禪，算沙數寶可名教者也！

降至唐末五季，禪教相非，性相角立，台賢互訕，甘露反成毒藥矣。永明大師於是乎懼，爰成宗鏡百卷，以詔後人，雖被法涌雜糅，然具眼者觀之，金沙可立辨也。如百兩眞金，投以十兩鍮石，頓失光彩；一斛白粲，投以數升稗穀，遂覺蕪薉。苟去其鍮稗，金之光彩如故，米之精粹不改也。嗟嗟！後賢未獲差別法眼，慎勿於先聖著作，妄事增益也哉！

予手點此錄，於今四遍，每尋討必有新益，實是觀心之助，斷不可作世間文字道理會也！雖然愁人莫向無愁說，說向無愁總不知，俟之子期而已。

三

古人云：『依文解義，三世佛寃；離經一字，卽同魔說。』蓋至言也。自禪教分門，佛寃魔說徧海內，非古佛現身，實未易救！細讀宗鏡問答引證，謂非釋迦末法第一功臣，可乎？

然唯徹悟無言之宗，乃能曲示有言之教。令人須藉其言，以契無言，始不死於言下。儻直以是爲宗，而不知離指得月，縱解悟了了，仍是三世佛寃耳。

昔宋太祖欲伐江南，後主遣一辯士謁見曰：『江南事陛下如事父，柰何以父伐子？』太祖曰：『父子異居可乎？』辯士愕然，無以爲對。噫！讀宗鏡不悟心，吾恐遇閻老時，其爲愕然者多矣。然設使棄而不讀，又何異因噎廢飯也？

四

教下人不肯坐禪，與坐禪人不肯學教，雖其師匠之過，亦由人未發眞正大菩提心也，夫大菩提心，未有不知痛爲生死大事者也。果爲生死大事，安肯以文義相封，以暗證自守乎？

如欲至長安，口必諏道，足必不停；諏而不走，終不能到，走而不諏，必遭岐曲。今之封文義者，何異諏弗走？守暗證者，何異走弗諏邪？嗚呼！以是求出生死，成無上道，難矣！

宗鏡一錄，既示厥道，復加痛策，可謂徹底慈悲。設復借之以資談柄，是猶據榻看皇輿考及長安志，廣向村儂誇說途中都中諸事，非不可惑動愚夫，吾恐一遇曾到長安之人，必不勝懡㦬者矣？

梵網合註自序

大哉梵網經心地品之爲教也！指點眞性淵源，確示妙修終始。戒與乘並急，頓與漸同收。約本迹橫豎俱開，兼華嚴法華之奧旨；約觀行事理俱備，攬五時八教之大綱。文雖僅傳一品，義實統貫全經。

緬惟智者大師之時，人根尙利，既廣宣教觀法門，乃僅疏下卷戒法。

大師精諳律宗，文約義廣，點示當年之明律者則易，開悟今時之昧律者則難。千有餘年久成祕典；雲棲爲之發隱，於疏仍多闕疑，又下卷雖獲流通，上卷猶未開闡。嗚呼！四依大士於法豈有吝心？衆生緣薄，罕遘希有法門耳！

智旭幼崇理學，千古爲任，但恨障深慧劣，執東魯而謗西乾。後聞自知錄序，幷良知寂感之談，始發信心。嗣聞地藏本願，聽大佛頂，猛圖出世，矢志參禪，逃家行脚。雖數發悟解，尅證無期，賴有慚愧正因，不敢錯下承當，生增上慢，以蹈邇來大妄語之覆轍。

爰念宿因力薄，應兼戒兼教以自熏修，於是探法華玄義，摩訶止觀等書，私淑台家教觀。而毗尼一藏，細閱三番，梵網一經，奉爲日課，遂於發隱闕疑，渙然冰釋，卽上卷文古義幽，昔稱不能句讀者，妙旨冷然現前。因擬合註，補前人之缺；此志雖發，緣障多端，六七年來，悠悠未遂。客歲大病，方遁入山，適如是昉公從閩來尋，爲其先師請講此經，同志歡喜，由是力疾敷演，不覺心華開發，義泉沸湧，急秉筆而隨記之，共玄義一卷，合註七卷。註成，序本末以告來哲：

蓋夙有微因，今復久誦，半生淹洽，不無千慮一得。故於理觀事相，不惜一一指陳，誠可勸開解篤行者之半臂也。後之覽者，勿以繁瑣而厭忽之，庶解行雙圓，歸諸筏喻可耳！

重刻成唯識論自考錄序

三界唯心，萬法唯識，此性相二宗所由立也。說者謂一心眞如，故號性宗；八識生滅，故稱相宗。獨不曰心有眞心妄心，識有眞識妄識乎？馬鳴依一心造起信論，立眞如生滅二門，生滅何嘗離眞心別有體也？天親依八識造三十頌，明眞如卽識實性，與一切法不一不異，眞如何嘗離妄識別有相也？龍樹中論，指因緣生法，卽空假中，是生滅外無眞如。楞伽云：『心意識八種，俗故相有別，眞故相無別，相所相無故。』是眞如生滅非一異。而護法菩薩於識論中最出手眼，直云『爲遣妄執心心所外，實有境故，說唯有識，若執唯識眞實有者，如執外境，亦是法執。』噫！苟得此意，何至分河飲水哉？

嘗論之：性隨相轉，何性不相？設不徧達諸相無量差別，安知妙性具足如斯染淨功能?相本性融，何相不性?設不深知一性圓頓滿足，安知諸相無非事事無礙法界?故台宗劇談實相，必約百界千如夫五位百法，獨非百界千如之性相邪?百界千如，無非實相，五位百法獨非實相邪?若不分別五位百法，眞俗假實種現差別，種種不同，則所云點如明相，迤邐不同，一假一切假者，不幾儱侗邪?

護法尅論心心所法，各具四分，夫相分各各不同，可也；見分可一向不同邪?卽見分各各不同，可也；自證分證自證分可一向不同邪?若使一向不同，則心王八，心所五十一；將一人果有五十九自證證自證分，抗然角立，互不相知，不幾割裂紛糅邪?然使心王心所惟同一自證證自證分，又安得云心心所法各皆四分所成，不幾墮用別體同之執邪?

更就相分論之：且如拈一莖華，此華本質，如來大圓鏡智之相分也；佛眼所見華，成所作智之相分也；佛智所知華，妙觀察智之相分也；此三爲一爲異？若定異，何處別有三華？若定一，佛眼不視時，但滅成所作智相分，餘二仍在；佛智不緣時，但滅妙觀察智相分，本質仍在？又眼見華時，有眼識相分，聞華香，嘗華味，覺華觸，各有鼻舌身識相分。佛一人既爾，迦葉復有三華四微，百萬人天各各皆有三華四微，如是無量三華四微，同在一處，似如一鏡，不雜不亂，無二無別，於百萬人天中隨拈一人相分時，必攝一切諸人相分，於眼等識中隨拈一識相分時，必攝餘諸識相分；重重無盡，無盡重重，是可思議邪？不可思議邪？一華既爾，物物皆然；色塵既爾，六塵皆然，相分有質尚爾，見分寧獨不然？見分通三量尚爾，自證證自證分唯現量豈反不然？後世弘相宗者，何爲自設藩域，曾弗一深思也？是故習性不習相，未有不瞞盱者；習相不習性，未有不膠滯者。唯南嶽思大禪師大乘止觀一書，出識論未來前，具闡性相幽祕，蓋深證無師智耳。厥後欲明心要，須藉文言。當知成唯識論，大禪性學，惜慈恩沒，疏復失傳，僅散現大鈔宗鏡諸書，及開蒙二卷，稍存線索。國初以來，竟成絕學。萬歷初年，紫柏大師接寂音之道，盛讚此宗，爰有俗詮證義集解諸書，而紹法師音義爲長；音義未全，故不流通；基法主續補成疏，亦頗簡要；惠法主謂疏多譌，復出此自考錄。

予謂此宗至方而至圓，至賾而不亂，至深細而非幻罔，至詳明而有綱要，設非妙悟，莫窮底裏。諸家著述，固未立極，亦各擅所長。苟因是而求之，深造自得，觸著性相源頭，不離只今現前一念，則知三乘十二分教，皆吾心識註脚，與馬鳴天親同一鼻孔出氣，何俟予言而知深淺得失也？

閱藏知津自序

心外無法，祖師所以示卽法之心；法外無心，大士所以闡卽心之法。並傳佛命，覺彼迷情。斷未有欲弘佛語而可不知深究佛心？亦未有既悟佛心，而仍不能妙達佛語者也？今之文字阿師，拍盲禪侶，竟何如哉？嗚呼！吾不忍言之矣！

昔世尊示涅槃，初祖大迦葉白衆云『如來舍利，非我等事，我等宜先結集三藏，勿令佛法速滅。』嗟嗟！儻三藏果不足傳佛心，初祖何以結集爲急務邪？

竊謂禪宗有三藏，猶奕秋之有棋子也，三藏須禪宗，猶棋子之須活眼也；均一棋子也，善奕者著著皆活，不善奕者著著皆死。均此三藏也：知佛心者，言言皆了義；不知佛意者，字字皆瘡疣。然爲懲隨語生見，遂欲全棄佛語，又何異因噎廢飯哉？

夫三藏不可棄，猶飲食之不可廢也！不調飲食，則病患必生；不閑三藏，則智眼必昧。顧歷朝所刻藏乘，或隨年次編入，或約重單分類，大小混雜，先後失準，致展閱者；茫然不知緩急可否？故諸刹所供大藏，不過僅存名句文身，封緘保護而已！無由令閱者，達其旨歸，辨其權實。佛祖慧命，眞不啻九鼎一絲之懼！

唯宋有王古居士創作法寶標目，明有蘊空沙門嗣作彙目義門，並稱良苦。然標目僅順宋藏次第略指端倪，固未盡美；義門創依五時敎昧，粗陳梗概，亦未盡善。

旭年三十，發心閱藏。次年晤壁如鎬兄於博山，諄諄以義類詮次爲囑。於是每展藏時，隨閱隨錄，凡歷龍居、九華、霞漳、溫陵、幽棲、石城、長水、靈峯八地，歷年二十七禩，始獲成稾，終不敢剖判虛空，但藉此稍辨方位，俾未閱者知先後所宜，已閱者達權實所攝，義持者可卽約以識廣，文持者可會廣以歸約。若權若實，不出一心，若廣若約，咸通一相；名爲閱藏知津云。

四書蕅益解自序

蕅益子年十二談理學，而不知理；年二十習玄門，而不知玄；年二十三參禪，而不知禪；年二十七習律，而不知律；年三十六演教，而不知教；逮大病幾絕，歸臥九華，腐滓以爲饌，糠粃以爲糧，忘形骸，斷世故，萬慮盡灰，一心無寄，然後知儒也，玄也，禪也，律也，教也，無非楊葉與空拳也。隨嬰孩所欲而誘之，誘得其宜，則啞啞而笑；不得其宜，則呱呱而泣。泣笑自在嬰孩，於父母奚加損焉？顧兒笑則父母喜；兒泣則父母憂。天性相關，有欲罷不能者，伐柯伐柯，其則不遠。令之誘於人者，卽後之誘人者也。儻猶未免隨空拳黃葉而泣笑，其可以誘他乎？

維時徹因比丘相從於患難顛沛，律學頗諳，禪觀未了，屢策發之，終隔一膜。爰至誠請命於佛，鬮得須藉四書助顯第一義諦，遂力疾爲拈大旨，筆而置諸笥中，屈指十餘年，徹因且長往矣。嗟嗟！事邁人遷，身世何實？見聞如故，今古何殊？變者未始變，不變者亦未始不變，尙何一分無常一分常之邊執也哉？

今夏述成唯識心要，偶以餘力閱舊稿，改竄未妥，增補未備。首論語，次中庸，次大學，後孟子。論語孔氏書，故居首。中庸大學皆子思所作，居次，子思先作中庸，戴禮列爲第三十一，後作大學，戴禮列爲第四十二。大學章首在「明明德」，承前章末「予懷明德」而言，本非一經十傳，舊本亦無錯簡，王陽明居士已辨之矣。孟子學於子思，故居後。

解論語曰點睛，開出世光明也。解庸學曰直指，談不二心源也，解孟子曰擇乳，飲其醇存其水也。佛祖聖賢皆無實法綴人，但爲人解粘去縛，今亦不過用楔出楔，助發聖賢心印而已。

儒釋宗傳竊議（有序）

大道之在人心。古今唯此一理。非佛祖聖賢所得私也。統乎至異。匯乎至同，非儒釋老所能局也。尅實論之道非世間。非出世間。而以道入眞則名出世。以道入俗。則名世間。眞與俗皆迹也。迹不離道。而執迹以言道則道隱。故曰。形而上者謂之道。形而下者謂之器。又曰。君子上達。小人下達。嗚呼。今之求道於迹者。烏能下學而上達。直明心性。迥超異同窠臼也。夫嘗試言之。道無一。安得執一以爲道。道無三。安得分三教以求道。特以眞俗之迹。姑妄擬焉。則儒與老。皆乘眞以御俗。令俗不逆眞者也。釋乃卽俗以明眞。眞不混俗者也。故儒與老主治世。而密爲出世階。釋主出世。而明爲世間祜。至於內丹外丹。本非老氏宗旨。不足辯。然則言儒而老與孔皆在其中矣。言釋而禪與教皆在其中矣。故但云儒釋宗傳竊議。

儒之於道學也久矣，上古無文字無可徵，可徵始於堯舜。堯允執厥中，舜危微精一，皆心外無法；故天地賴以位，萬物賴以育，貫徹古今萬世，不能踰其道也。嗣禹皐陶之見知，湯之聞知，不過還知此心此理而已；知之則近見亦可，遠聞亦可，不以遠近爲親疎也。乃韓愈云：「堯以是傳之舜，舜以是傳之禹，」嗟嗟！是何物也，可互相傳乎？譬諸射樹的而專注之：先有巧力者先中，後有巧力者後中，或在同時，或在異世，貴各中的而已矣。的非可傳也，巧非可傳也，力非可傳也。謂之曰見知聞知則可，謂以是相傳可乎哉？

見知不唯禹臯也，凡稷契伯益等皆見而知之者也。聞知不唯湯也，伊尹耕於有莘之野，樂堯舜之道，則於湯爲見知，於堯舜禹等亦爲聞而知之者也。

文王既沒，武周又逝，柱下史聞而知之。孔子問禮，歎爲猶龍，則於老聃又爲見而知之。門人推崇厥師，不復齒及老氏；孟子亦蹈其舊轍耳。

顏於孔，誠見知也。但繼孔學，又先孔亡；不同太公之於文王，伊尹之於湯，禹之於舜也，故孟子不言之。

「顏淵死，子哭之慟，」再歎「今也則亡！」故古人云「顏子沒，而聖學亡，』非虛語也。孟子曰：『然而無有乎爾，則亦無有乎爾，』蓋亦不敢虛妄承當者歟？

老氏之學，蓋公等得其少分以治漢，漢則大治；孔孟之學，漢代絕響。

北宋周濂溪定性書云：『性者剛柔善惡中而已矣。』太極圖說云：『太極本無極也。』細玩二語，眞得孔顏心法者也；後儒紛紛解釋，罕有知其語脈者。且云：定性書可以不作，噫！可哀矣！卽及門之士，明道似曾子子思，伊川似子夏而已。

南宋陸象山先立乎其大者，乃得孟氏心法者乎？然不信太極無極，展轉撥之；紫陽又展轉救之。吾觀撥者救者，皆非實知周子也。

王陽明龍場大悟，提致良知三字，爲作聖眞訣，雖曰顏子復生，不亦可乎？

釋之於道學也，十方三世無不徹也！此界此時，則始於釋迦，繼於迦葉難陀等也。其在震旦：則遠公造法性論，羅什歎其未見佛經，能知佛理。北齊慧文大師讀龍樹中論，悟圓頓心宗。二並可稱聞而知之。菩提達磨大師受記東化，可稱見而知之。

遠公後，凡修淨業得往生者，皆見知聞知之流類也。有人僅立蓮宗七祖，但約行化最專者耳。然四明尊者慈雲懺主等，何嘗不以淨土行化？而智者大師十疑論，飛錫法師寶王論，天如禪師淨土或問，楚石禪師懷淨土詩，妙叶法師念佛直指，尤於淨土法門有功。至若近世則幽溪師生無生論，袁中郎西方合論，皆遠公之的裔也。

達磨傳至六祖，乃有南嶽青原二甘露門，門似二，道無二也；二則毒藥，非甘露也。又數傳而爲五宗，人有五，宗非五也；五則枝條，非宗本也。譬如阿耨達池，一水流爲四河，歸於大海，河有四，水無四也；今不知池之一，不知水之一，不知海之一，獨從四河闊狹曲直遠近起見，互相是非，可謂智乎？

繼北齊者，有南嶽思大師，出大乘止觀法門四卷，眞圓頓心要也。次有天台顗大師，出三種止觀，法華玄義文句，及維摩、仁王、金光明、普門品、十六觀等疏，於是敎觀大備。歷五傳至荊溪，其道中興。又八傳至四明，道乃重振。此後裂爲三家，漸式微矣！

唐玄奘法師偏遊天竺，學唯識宗於戒賢法師，盡其所知，旁搜其所未知，廣大精微，眞彌勒天親之子，釋迦文佛之遠孫也。慈恩基師雖實繼之，然觀所撰法華贊玄，則靈山法道恐未全知，無怪乎唯識一書，本是破二執神劍，反流爲名相之學，亦可悲矣！

賢首法藏國師得武后爲其門徒，聲名藉甚，疏晉譯華嚴經，經旣未備，疏亦草略，故不復傳。所傳起信論疏，淺陋支離，甚失馬鳴大師宗旨，殊不足觀。方山李長者有新華嚴經論，頗得大綱，清涼觀國師復出疏鈔，綱目並舉，可謂登雜華之堂矣。後世緇素往往獨喜方山，大抵是心粗氣浮故耳。不知清涼雖遙嗣賢首，實青出於藍也。圭峯則是荷澤知見宗徒，支離矛盾，安能光顯清涼之道？

禪宗自楚石琦大師後，未聞其人也；庶幾紫柏者人乎？壽昌無明師，亦不愧古人風格。

台宗絕響已久，百松覺公稱爲鳴陽孤鳳，僅出三千有門頌略解及楞嚴百問耳。幽溪繼之，一時稱盛，然唯生無生論足稱完璧，而自所最得意圓通疏，殊爲不滿人意，何哉？但能趺坐書空作妙法蓮華經字，脫然西逝，則誠蓮華國裏人矣。

雲棲宏大師極力主張淨土，讚戒讚教讚禪，痛斥口頭三昧，眞救世菩薩也。憨山清大師擴復曹溪祖庭，晚年掩關念佛，晝夜課六萬聲，故坐逝後二十餘年，開龕視之，全身不散，遂與六祖同留肉身，人天瞻仰，得非蓮宗列祖乎？

或曰：佛祖之道，必師資授受，方有的據；否則法嗣未詳，終難取信。無名子應之曰：譬諸世主，桀非傳自大禹，紂非傳自成湯者乎？身苟無道，天子而不若匹夫矣！今之雖有師承，顚覆如來敎戒者，何以異此？漢之高祖，明之太祖，並起草莽，誰授以帝位乎？苟得其道，匹夫而竟開大統矣！今之雖乏師承，能自契合佛祖心印者，亦奚不然？必如子論，是但許有見而知之，不許有聞而知之者矣，可乎哉？且子又不聞：有師資具足，皆不足齒及者乎？譬如俳優及相搏者，豈無師資授受，然不過戲劇及鬬諍法耳！吾故曰：執迹以言道，則道隱，譬諸射者，期各中的焉耳。十方三世，唯此一的，常住不變，何竢於傳？巧之與力，存乎其人，父不能傳之子，子不能得之父，有何所傳？或見而知之，或聞而知之，及其知之一也。正知其不可傳者也；謂有可傳，則不至於戲劇鬬諍不止，非佛祖聖賢之道也已！

陳罪求哀疏（戊寅）

稽首大孝能仁父！孝順爲宗梵網經。地藏目連達孝尊，修證孝慈諸聖衆。今然香炷懺前愆，願賜慈悲哀拔濟！

假名菩薩戒汙道沙彌智旭泣血稽顙，敬白常寂光土一體三寶，耑懇大慈大悲，俯垂感應！

言念罪旭少年主張理學，妄詆三寶，過犯彌天，應墮無間。然世間忠孝，根於至性，罔敢或忘。後蒙三寶密加，返邪歸正，頓發出世心，圖其遠者大者，祈究竟報我君親。意謂尅期取證，決定無疑；詎料於今十六年，竟成虛渡。修行至道，仰彌高而鑽彌堅；翦除惑業，根益深而枝益茂。死期將至，初志何成？扼腕撫心，厥罪曷罄！

始願出家後，卽能度脫歷劫親緣；今母逝十二年，父亡二十載，而天眼未開，茫然不知生處！是第一大負負我生恩也！

始願出家後，卽能戒律永淨定慧圓明；今根本戒外，違犯多端，雜亂散心，全無正定，名字聞慧，不登五品。是第二大負負我性靈也！

始見假善知識，亂宗門正印，願出家後，福慧莊嚴，徧降魔外；今但能自識邪正，而孱無道力，空言何補？是第三大負負我宗門也！

始見末運，僧體日卑，願以一身力振其頹；今德薄行荒，不足爲人天表率。是第四大負負我僧相也！

始見末運，僧無律行，願以一身爲其倡始；今自檢律行，缺誤尤甚，不足爲他師範。是第五大負負比名位也！

始閱律時，稔知末世種種非法，誓集同志五人，若過五人如法共住，令如來正法復興；而自既障深業重，不克與比丘列，復失方便，乖我良朋。是第六大負負正法輪也！

始見外寇猖獗，饑疫洊臻，國政乖張，元氣侵蝕，願修成道力，興隆正法，默扶皇運；今自救不了，坐視內寇邪魔，付之莫可如何？是第七大負上負帝主弘護深恩，下負普爲衆生所發菩提心願也！

嗚呼！負茲莫大七罪！復淹淹殘喘，九死一生，半體酸楚，已經十有餘年；三日惡瘧，更纏三年之外，儻地獄前茅邪？抑過惡雖重，而一綫菩提願力護法苦心，稍感寂光悲智，令轉重報於生前，俾輕受邪？展轉慚惶，未知攸底；悲形夢寐，歎徹庭闈！僅賴一綫心願未忘，而杯水欲救焚車，益增恐懼！然諸佛誠言，菩提心寶，不可思議，如少金剛，能穿大地；少獅乳，能徹海乳。一息苟存，敢不痛自努力！

今值先嚴諱日，敬捐衣鉢微資，營供常住三寶；然香七炷，懺七大負。復四炷，啓請菩薩比丘沙彌 四人 同心修禮慈悲水懺，以此功德耑申回向：伏祈鍾之鳳暨大蓮優婆夷金氏，早敷淨土之華，頓悟惟心之旨；惑業冰消於片念，苦輪永斷於未來！次祈比丘某深信微塵中之法界經卷，篤志專心求剖出，斷除識田內之沈細愛見，剛毅敏達建法幢；某直信觀心法門，眞發菩提大願！沙彌某於一切事中，悉見第一義諦，一切時中，不忘無上道心！某入無邊無底之法海，超久習久染之凡情！次祈災亂冰消，邪說鼠竄；皇仁蕩蕩，佛化暘暘！次祈智旭病苦消除，戒身清淨，福德成就，止觀圓明；襄盛世皇猷，護如來正法！

又復以此功德，普施一切衆生，願盡除一切煩惑罪根！斷一切有漏雜業！捨一切生死苦報！離一切惡魔惡友！歸一切大乘三寶！見一切諸佛世尊！生一切莊嚴淨土！開般若一切種智！證不可思議解脫！成無上清淨法身！如是法界衆生，畢獲如是究竟勝利益己，智旭乃當克證無上菩提！

刻占察行法助緣疏

易曰：『積善之家，必有餘慶；積不善之家，必有餘殃。』書曰：『惠迪吉，從逆凶，惟影響，作善降之百祥，作惡降之百殃。』因果報應之說，未嘗不彰明較著於世間也。但儒就現世論，未足盡愚者之疑情。自釋典入支那，備明三世果報，益覺南宮所悟及孔子尚德之稱，事理不誣。

然三藏權詮，祇明因緣生法，未直明因緣無性。故云佛能轉一切業，不能轉定業；逮大乘會中，始廣明格外深慈，建勝異方便，依萬法唯心緣生無性之理，設取相無生二懺，以通作法之窮。然後罪無大小，障無淺深，依教行持，悉堪消滅；如赫日當空，霜露頓收也。昧者謂重罪許懺，開造罪門；蓋不惟罔識佛菩薩之弘慈，亦豈知儒者之了義？孔子曰：『過而不改，是謂過矣！』憂悔吝者存乎介，震無咎者存乎悔，』蓋明示人以自新之端矣。

夫罪有重輕，事非一概。世法不能治，佛法治之；作法不能治，取相治之；取相不能治，無生治之；則究竟離苦解脫之法，不得不歸功佛門，又不得不歸功觀音地藏諸大士也。觀音應十方世界尤於五濁有緣，地藏遊五濁娑婆，尤於三塗悲重；如父母等愛諸子，而於幼者及無能者，尤所鍾情，此占察善惡業報經誠末世多障者之第一津梁也！堅淨信菩薩殷勤致請，釋迦牟尼佛珍重付囑；三根普利，四悉咸周，無障不除，無疑不破。三種輪相全依理以成事，故可卽事達理；二種觀道全卽事而入理，未嘗執理廢事。又復詳陳懺法，卽取相，卽無生，初無岐指；開示稱名，觀法身，觀己身，頓同一致，乃至善安慰說，種種巧便，不違實理。此二卷經，已收括一代時教之大綱，提挈性相禪宗之要領，曲盡佛祖爲人之婆心矣！

予依經立懺，程用九居士捐資，并募善信助成之；此正欲立立人欲達達人之極致也！誰謂學佛非儒者分內事哉？

書（選十六通）

寄母

甲子正月三日，方外男智旭敬然臂香刺舌血，白母親大人膝下：男幼蒙庭訓，少長便道學自任，寧不知父宜葬母宜養？但生死一事，人人有之，靜夜深思，眞可怖畏！如大母舅宦正濃而忽殞，虞表姪年未壯而早亡，身命無常如朝露，大限至老少莫逃！苦海茫茫，誰能免者？念及自身，已覺酸鼻！更念亡父老母，倍覺傷神！親身既然，衆生寧異？儻不早圖出世，正恐追悔無及。男憶二十一，至星家問母壽，言六十二三，必有節限。遂於佛前立深誓，惟願、減我算，薄我功名，必冀母臻上壽。今既切思離俗，儻萌一待心，豈是求益母壽之念？男又安能保無中夭邪？生育一事，世間苦本，況與功名皆有定數；且青雲得志，難敵生死，大母舅即是殷鑒。何如地藏大士，目連尊者，累劫親恩，皆蒙度脫之爲孝也！男少年誦大士，賴母痛下鉗鎚；今得改過從善，志在出世，恐母愛情難割，不得不硬卻心腸，潛行方便，又恐母日夜懸念，故於三寶前然香刺血，寄書遠達。伏祈勿事勞心，惟努力念佛，求出輪迴！親屬可化者，皆以此意示之。

寄剃度雪嶺師

別忽三載，反躬無似，莫報師恩！方今像季，有三可痛哭，三可哀愍：毗尼法，三學初基，出世根本，僧寶所由得名，正法賴以住世；而罕有師承，多諸譌謬，遂令正法墜地，僧倫斷絕；一可痛也！三藏教，修行之徑，出苦之要；而依文解義，罔知觀心，廢先哲舊章，塗一時口耳，遂令禪門訶爲葛藤糟粕，二痛也！宗門一著，本爲上上根點鐵成金，今但作門庭施設，道理商量，不墮狂罔無知，便墮雜毒知見；更有去施設埽道理者，多落闇證窠臼，盲修瞎鍊，實是險塗，無上妙法，流弊至此，三痛也！第一可哀愍者，借佛法圖名利，無實爲人之心！二者，但知己長，不知人長，但見人短，不見己短；株守一得，向無佛處稱尊，不能放下面皮，打破局量，從千萬人脚跟下穿過！三者，但爲大以欺佛，不思三界無安；言淨土不必生，彌陀不必念；中即判爲唯心墮，圓實墮，確論也。時丁末運，非具大忍力，大願大智大巧便力，騶虞小補，何當至治？博山老師，雖見處未徹源底，實有苦功操履；不背與互感得益，然不服其藥，大忍願智，便成當請益也。

上闍黎古德師

五夏以前，專精戒律。專精者，豈徒著衣持鉢而已。律中第一要務，在常一其心，念無錯亂，謂依四念處行道也。四念處慧，佛法總關，無念處慧，著袈裟如木頭幡，禮拜如碓上下；六度萬行，皆同外道苦行，無與眞修。若依念處行道，則持戒功德，能獲四沙門果，乃至圓十地，尅獲無難。第二要務，在洞明二百五十戒開遮持犯之致。否則二六時，旣掛比丘名，當結無量罪，言之駭聞！思之喪膽！此二不明，與邪戒何異？末世流弊，非有力大人不能挽回；吾師德盛名顯，僧俗同欽，吾知諸佛所付託矣！

寄璧如兄

知參究無緣，便向有緣處入；歸元無二，方便多門，入手不同，到家則一。均佛祖法門，有何進退勝負？可愛憎取捨，必區區博一丈夫名邪？兄雲棲法系，曾事幽谿。雲棲教律兼修，幽谿教觀並舉，斯並津梁，寧非直指？特人心不了，願不大耳。生西方者，貴大菩提心寶，心寶若在，帶惑亦可往生；心寶若迷，參禪早已兩橛。若飜轉此關棙，眞實不欺，正好眞實參悟。若飜不轉，爲舊習所汩，必須就教律大開慧眼，鍊就鋼骨，方始相應，請急著眼！又末世禪人病膽大，老兄病膽小。膽大肆無忌憚，直向泥犂；膽小顧後瞻前，不得自在。善惡雖殊，不能打徹一也。欲徹體清涼，將定散淨穢情見，全體放下，始得！

與永覺禪師

法運日譌，老成凋謝；獸蹄鳥跡，交於中國。乳臭小兒，競稱宗主；拈花微旨埽地，至此不惟可悲，亦可恥矣！惟老師耆年碩德，堅握壽昌不肯二字心印，不必頻呻哮吼，狐犴已爲喪氣。茲者泉南隙地，羶風雖已時來，毒氣幸未深入，老師正應久住此方，防護外邪，養育善種；但令二三志士，得接老師法脈，將來魔黨敗後，泉南佛國，一燈可徧布天下也！不肖幻緣所牽，未能執巾瓶，猶冀法駕蚤臨，庶獲一晤慈顏，罄欲委陳生平苦心，故敢冒昧，輒助勸請！

復九華常住

向年托迹寶山，於一切精律行者，作地藏大士想；卽一二不拘小節者，亦作志公濟顚等想。聖道場地，龍蛇混雜，凡聖交參，不敢以牛羊眼妄測，自招無間重罪也。適聞山中，稍稍搆難，雖大菩薩示現作略；然經云：『爲破于佛戒，莫與外人知。』又世典云：『胡越人相爲讎敵，及乘舟遇風，則相救如左右手。』九華實地藏慈尊現化地，山中大衆無非地藏眞實子孫，不知歷幾劫修行，到此名山福地；乃爲小小一朝之忿，遂使智不若胡越同舟，非所謂一芥翳天，一塵覆地者邪？不肖智旭，少時無知，毀謗三寶，罪滿虛空，仗地藏大士深慈厚願，拔我邪見，令廁僧流；故今日稱地藏孤臣。山中大衆，皆吾幼主，臣無輕君之念，而有諫君之職，惟是誠惶誠恐稽首頓首，遙向寶山，披陳忠告，惟願衆師各各捨是非人我之心，念法門山門之體，同修無諍三昧，永播大士道風！古人云：『官不容鍼，私通車馬；』又云：『家無小人，不成君子。』縱有實非大士眞正眷屬，亦須慈恕，令其漸種善根可也！

與見月律主

律學之譌，將及千載，義淨懷素二師既沒，能知開遮持犯輕重緩急者，絕無其人。近世愍忠大慧律主，頗糾正小半，猶未復佛世芳規。旭又薄德尠福，不足取信於人，寤寐永歎，涕淚交流！大廈將傾，決非一木所支。邇聞座下，奮金剛志，秉智慧炬，革弊遵古，喜而不寐！冀獲良晤，盡獻片長，以益明聖，塵歸大地，水入滄溟；座下既得盡善盡美，旭亦無遺珠刖璞之憾矣。今夏細商集要一徧，遂重治成稿，卷帙較舊不多，而刪繁補要，頗爲精鍊，幷聞之具眼者。

囑徹因比丘

吾望公甚高，勿自卑！甚遠，勿自近！甚廣，勿自狹！甚大，勿自小！甚尊，勿自褻！甚重，勿自輕！甚穩，勿自浮！甚密，勿自疎！甚微，勿自陋！甚妙，勿自麤！聖賢自期謂之高。無數塵刼謂之遠。徧周刹海謂之廣。超權越小謂之大。不染名利謂之尊。不輕去就謂之重。始終一致謂之穩。精察力行謂之密。窮理盡性謂之微。開佛知見謂之妙。嗚呼！律門衰敗，大法並危，不具前之十德，鮮克砥其頹波！勉之哉！第一、須依念處行道，隨文入觀，觸事會心；心觀爲主，看教爲助。第二、須專求己過，勿責人非。第三、須作出生死學問，莫作趨時學問。第四、須和光同塵，幸勿矜異。欲看教典，且完玄籤；次十不二門詳解；次律藏五百卷幷大乘律五十卷；次止觀輔行；次阿含經等諸小乘經；然後及餘經論。或急於修證；唯律藏不可不閱，餘皆隨意。萬勿妄想出頭；惟眞操實履，了當生死。不得爲人改法名，剃度師與受戒敎授傳法師，皆有父子之誼；改法名，是蔑剃度師也，傷理背情，無道之甚！古來知識，不聞有法派之說，柰何末世以此爲親！吾聞先受戒者在前坐，後受戒者在後坐，不聞先取名者爲師兄，後取名者爲師弟，既以法派爲重，必以戒法爲輕；叔伯弟姪，儼然與俗無異，可羞可恥！所宜痛戒！不得曲媚權貴，須如達大師家風！若不能，寧死不出頭。不得多收徒衆，多畜沙彌，多受依止，致訓不周，必有壞法之咎！切忌餽送白衣等事！切忌無恥喪心，到人家念經拜懺，漸成應赴！即檀越到山門作福，須示以佛法尊重，莫如近時叢林套子，亡比丘物！依律分與現前僧，切不可學估唱陋習！其餘諸事，不能枚舉，總以律爲指歸，則無過矣！不聽吾言，非吾弟也！

寄徹因大德

眞實比丘，寥寥無幾，不知何日五比丘如法同住，一展吾外護初心；興言至此，肝腸寸裂！所有不絕如線一脈，僅寄足下，萬萬珍重愛護！養德充學，以克荷之；勿爲最後斷佛種人，使我抱憾千秋。至囑至囑！遠隔三千里，未審作何用心？苟不能念念與妙觀相應，則失聞熏琢磨之益多矣！

與了因及一切緇素

宋儒云：『才過德者不祥，名過實者有殃，文過質者莫之與長。』旭一人犯此三病，無怪久滯凡地不登聖階也。旭十二三時，因任道學而謗三寶，此應墮無間獄，彌陀四十八願所不收；善根未殞，密承觀音地藏二大士力，轉疑得信，轉邪歸正。二十年來，力弘正法，冀消謗法之罪，奈煩惱深厚，於諸戒品說不能行。癸酉中元拈鬮，退作菩薩沙彌，蓋以爲今比丘則有餘，爲古沙彌則不足，寧捨有餘企不足也。夙障深重，病魔相纏，從此爲九華之隱，以爲可終身矣。半年餘又漸流布，浸假而新安，而閩地，而苕城，檇李留都，虛名益盛，實德益荒，今夏感兩番奇疾，求死不得。平日慧解雖了了，實不曾得大受用。且如占察行法一書，細玩精思，方敢遵古式述成，仔細簡點，並無違背經宗。乃西湖禮四七，不得清淨輪相；去年禮二七不得；今入山禮一七又一日，仍不得。禮懺時煩惱習氣現起，更覺異常。故發決定心，盡捨菩薩沙彌所有淨戒，作一但三歸弟子。待了因進山，作千日關房，邀佛菩薩慈悲拔濟；不然者，寧粉此骨於關中矣。

與胡遠志

爲禪林求主人者，弘護之願；爲一身商出處者，自知之明。竊以鮑老當場，不若舉賢相副，有季賢老師雲棲嫡子，年德俱隆，慈願並廣，以禮敦迎，或當俞允。貧衲與歸師，拈鬮洞庭，既許安居，律不容改。又已躬下事，靜動無妨，著書立言，必須靜境。衲長於著述，短於應酬，儻從捨失措，則長短互乖。況律學之譌，已將千載，革非矯弊，與俗相違。僅可僻處深山，鳩眞同志，作傳火計，即欲行之天下，以觸時諱，禍且不測。夫大乘弘誓以寬成大，住持僧寶以局表尊。既痛有名無實之弊，必守貴精不貴多之箴，設居勝刹，求戒必多，嚴擇則招怨之端，濫許則壞法之始，進退維谷，其何以堪？嗚呼！今天下稱圓稱頓稱大乘者，徧滿域中，獨聲聞一脈，不惟置諸高閣，亦且藐若草芥；抑思世尊拈花時，破顏微笑者，果誰人邪？靈源淸禪師云：「

易世俗所難，緩時流之急，」納銘心此語久矣。「愁人莫向愁人說，說與愁人愁殺人！」居士具金剛眼，探法海源，當亦爲斯言肯首也？

復胡善住

自利利他，須知彼知己，知時知勢！納每自反：世謂我持律第一，實增慚懼！無論三聚十支，八萬微細，卽二百五十，未行萬一。又無論遮罪除飲酒過午二條，餘皆未淨。卽性罪七支，能免故殺，不能防誤，能不錯因果，不敢三寶物私取，而不能磚錢不買瓦，如古人執身不犯，不能夢寐清淨。不妄語兩舌，不能無惡口綺語。良由多劫乘急戒緩，習以性成，恥躬不逮，退居沙彌，更無弘戒之理也！宗乘中事，未出家已留心，苦參十載，頗辨眞僞，不敢以敎律爲夾雜。敎觀一塗，叨仗夙因，頗窺堂奥，不敢以眞實而自疑畏。然此二者，皆背時宜。惟有山中苦行，代一切衆生求消夙業去障而已，非敢固也。路資本不宜領，寒威將逼，贖典冬衣，亦見因果不甚分明，戒律疏緩之一端矣。

復卓左車

入山非石隱計；痛念大法傾頹，綿力難救，姑竢人定勝天耳。承謬舉於葉宗伯，謂宗說俱通，解行雙到；實增慚愧！以今時俱通雙到見稱，固未免靦然！儻擬古之俱通雙到，能勿蹴然哉？數年被道友所牽，虛名盛而實行微，多方作入山計，今始半遂；正欲深之又深，能爲居士頓改節邪？葉公處以原柬繳！

復陳旻昭

大厦非一木所支，年來惟道友爲命，而衆生習氣各有偏重，不能如水乳合；興言及此，血淚横流而已！居常謂壞法門者，皆撐法門人，齊桓晉文，尊周適所以壞周；方痛懲不暇，奚忍蹈其覆轍！嗟乎！出家初志，急尅聖果，十五六年，竟成虛度，慚天愧地，夫復何言？卽此十五六年行脚，打破面皮，放捨身命，僅於佛菩提，了知歸家道路。而形枯氣索，前進爲難，欲傳得一人，勿令最後佛種從我而斷，亦竟未遇其人。嗚呼！痛心夢寐，永泣而已！公所處頗艱，道念益固，深以爲慰！每觀種種邪外，其智短，其說陋，猶簧鼓天下後世有述者，大抵別有一段徹底精神持之耳；況將此持正法乎？但自反自勵，不必他求也。船子身葬水中，夾山大弘其道；荆谿以居士身參學多載後方出家，一世不登法座，書傳萬世，不可磨滅。宣聖木鐸，孟軻好辯，皆此類也。此意願與居士共之！未獲一第奚足憂，當勤心道業，誓續佛祖慧命爲急務耳！

答韓服遠

尊恙鬱痰所致，鬱又從勘境不破所致也。種種逆境，可動心忍性增益不能，皆所以成就自己而已。世道交喪，儒門久已無人，願足下矢志爲君子儒！近世學佛人，才聽講只思做法師；才不思做法師，便不肯究心佛法。學儒人，才讀書只思中進士；才不思中進士，便不讀書，殊不知讀書是爲聖賢正路；研究佛法，是成菩提生西方正路也。哀哉！然佛門猶有一二知成佛者，儒門絕無一人思爲聖賢，世安得不亂？亂安得復治邪？足下果發起決定爲聖賢心，而釋迦不暗中摩頂，孔子不晝夜擁護，無有是處！

復錢牧齋

濟雲鬭諍，不啻小兒戲；閱儒釋宗傳竊議，可付一笑矣！續燈事，徧集明朝語錄，乃可成之，非朝夕能辦；未填溝壑，當以三四年爲期也。著述須實從自己胸中流出，方可光前絕後，設非居安資深，左右逢源，縱博極羣書，徧採衆長，終是義襲而取，不可謂集大成也！大菩薩乘願力闡正法，須如馬鳴、龍樹、智者、清涼，立極千古；若圭峯、長水輩，雖各有所得，猶未免爲明眼簡點，況其餘哉！乞丈室裁之！憨大師性相通說，久爲敎家嗤笑，無能爲害。達大師以能所八法，所成釋性境二字，不過承魯菴之謬，習而不察，白璧微瑕耳。交光用根一語，毒流天下，遺禍無窮，非一言可罄。宗鏡對舉，乞寄還山中！所許通翼，亦乞慨付！

祖堂幽棲禪寺大悲壇記（幷銘）

如來顯密二教，並具四種悉檀，而密教尤重壇儀。蓋全理成事，全事攝理，直以事境爲諦觀本非僅托事表法而已。

觀世音菩薩慈徧剎海，於娑婆世界更有大因緣，其所說呪，藏中最多；唯大悲心呪，流通獨盛。有宋四明尊者法智大師，佛子羅睺再來，專修密行，依天台敎觀，創立大悲三昧行法，十科行道，十乘觀心，並是佛祖祕要，萬法總持，豈徒以音聲色相爲觀美哉？近世武林流通特廣，謬亂多端，予不得已，特爲之辯譌矣。

祖堂湛持如公，爲遠痕禪師高足，雪浪大師法孫，曩在眞寂，躬修此行，凡歷四期，次住匡山豆葉坪，奉爲日課。

後因師兄如幻行公偕護法二白蔡居士登山邀請主幽棲事，遂發願云：『設欲某服役禪堂，必建大悲懺壇，以踐聞熏聞修實益。』於是拮据七年，始獲就緒。壇在藏經閣右，佛像南向，大悲像東向。壇右爲觀堂及齋堂浴室侍者寮等。大功既竣，請予爲記令後裔有聞。

予惟澂公久參耆宿，不主先入之言，毅然聽予改正積譌，眞大豪傑！而公且囑予曰：『某生平精力，竭在茲壇，恐後裔無知浸假，又譌而爲逸老堂也，亦必藉一言預爲之正！』予懼！爰秉筆勒詞曰：大悲三昧，含靈本具，曠劫迷之，輪迴諸趣。菩薩弘慈，方便巧度，文字性空，演妙章句。如法誦持，靡不感赴！四明行儀，萬古流布，久而失眞，吾爲此懼！辨譌初宣，羣小爭怒，勇矣湛公，不迷岐路。築此淨壇，龍天呵護。維此壇室，千秋一日。齋法肅恭，食時勿失。禪侶熏修，勿令老逸！冬夏安居，春秋努力，行願相資，同歸淨域。虛空可盡，弘誓不息。若有違者，法門敗德，持呪神王，必相排殛。仰乞威靈，證茲眞實，百億其年，永垂芳式！

贈純如兄序

衆祐有言曰：『善知識者，得道大因緣，是全梵行。夫隨其所修一種法門，自利成就，足範後昆者，敎授善知識也。辨眞實出世心，修三乘出世法，所志無乖，所見無戾者，同行善知識也。善護三業，克供四事，俾行人得安心辦道者，外護善知識也。

予自壬戌出家，於今十九年矣，學無常師，交無常友，根鈍力微，每藉境緣自鍊見善思企而罔及，見惡內省而多慚，於三種善知識中，惟教授最多。蓋三人行必有我師，況世出世法各有所長者乎？又況久相結契：如曹源之勤學，雪航之婆心，惺谷兄之辣手，誦帚師之篤信，歸一師之孤峭，修雅師之恬退者乎？又況會事參謁：如無異師之慈悲廣大，聞谷師之謹嚴縝靜，無盡師之弘揚教觀者乎？又況湛明師引進，雪嶺師剃度，戒宗師授沙彌戒，古德師授菩薩戒，乃至憨大師之書問慰誘，夢寐神交，頻相策發者乎？若同行善知識，生平止得一人，璧如鎬兄是也。外護善知識，於松陵得一人，曰鑒空寧公；於吳門得一人，曰竺璠淨公，今丹霞得一人，曰純如白公。寧公之護予，默關也，身爲侍者，不令緇素一人輒來擾予。淨公之護予結壇也，百一所需，無不畢具，然猶曰子爾微軀，主道尙易易耳。今同志數人，結夏岱山，相與專辦己躬下事，二時課誦，亦不應酬，令我同志無不優遊坐進斯道，較前二公已爲大難。且淨公僻在密滲之禪，寧公雖趨向持戒，力所贍者不過營福一塗；公則尊賢容衆，雅量冲懷，已足補吾所短；而虛心樂善，雅慕佛法，尙可慰吾同行之思，豈寧淨二公所能及哉？

昔楊歧直院十年，兒孫滿地，四明一學人請教觀於法智大師，命理常住事三載畢，重申前問，師震威一喝，頓悟性具圓宗，實力比丘，迦葉佛所，願於釋迦佛時，知僧臥具第一；乘本願力，以童子出家祇園，見客比丘來去紛雜，重發願云『我年二十進具戒後，當理此事。』及進具證果，念空無相無作三昧，此願將息，佛以夙願責之，遂畢世知僧臥具。客比丘來，皆親授房舍，初更時到，放一指光，二更時到，放二指光，乃至五更時到，放五指光；普爲十方大衆諸佛菩薩之所稱歎，念念入定放光，念念出定慰客，所謂善入出住諸禪三昧者也。然如此神通作用，究竟豈離吾人現前一念？故云能觀心性，名爲上定，純公於此，驀然薦取；則實力四明楊岐鼻孔，乃至三世諸佛鼻孔，俱可一串穿卻矣。

璧如惺谷二友合傳（幷贊）

璧如禪師，諱廣鎬，台州王氏子，俗名敬轂，號伯無。父士琦，爲大同開府，以廉名。

師弱冠，卽有出世志，禮雲棲蓮大師受五戒，有今名。

萬歷丙午，舉孝廉，時二十七歲。越兩大試，慨然就選。爲急完仰事俯育之累，圖出世也。令新淦，愛民如子。因居官，戒德稍疎。

戊午入覲，舟次荻港，夢鬼使攝見冥王，責以破戒事，驅入獄，傍有冥官代請，取破戒後諸事省之，善多惡少，釋不入獄，鑿蒲萄朶，釘柱上。及寤，雙目乃矐矣。醫進藥。復夢爲冥王所訶，更以二錔入兩眶，大痛，失聲而醒。不遂不服藥。告歸，築室台山高明寺傍，日課金剛般若幷大悲心呪行法。不一年，漸復明。諸親友勸令再仕；歎曰：『人生幾何，猛求出世不暇，猶作蝸角蠅頭活計乎？』惟太夫人在，未忍去，然思既欲離俗，復以母在爲礙，豈可不願母臻上壽耶？

時有人因子出家悲泣，太夫人故笑之曰：『第一好事，應慶幸，何泣爲？設在吾，吾決不作此態也。』師由是安心遠遁，髯染楚中，單身行腳，備嘗諸苦。登戒品，掩關閱律，并書華嚴大法。

次歷匡廬諸處，到博山隨衆參禪，人無知者。予適同歸一師送惺谷至博山薙髮，師在高明曾與歸師交；歸一日衆中執其手曰：『公是同生王伯無否？』不容諱，始實之。日見予，與無異禪師論受戒事最悉，因歎近來律學大謬，本以破戒親受冥譴，久欲留心此道，而歷叩名德律主，罕不瞶瞶者。予出毘尼集要示之，亟讀亟賞，歎未曾有，遂與盟千古交。

又知予方事閱藏，以啓囑曰：『三藏義類，宜總爲一書，三藏酌要，諸宗集要，佛事稽古正譌，宜各別爲一書。發菩提心集，六度集，宜爲二書。毗尼中衣事，鉢事，及授戒說戒羯磨諸事，日用間宜行者，當輯附集要後。梵網經雖有二大士發明，宜補以彌勒戒本，及諸經有相發者，集附本條之下，然後自出手眼，以補前人之缺，亦不失爲二大士忠臣，勿以避嫌，失此勝事。沙彌戒優婆塞戒，俱要少有發明，附於集要。已上八則，弟往讀契經，薄有微願，恨齒逼遲暮，精已銷亡，近又作蒲團活計，不能塡也。幸逢郢匠，敬附當機，儻三昧酒消，尚冀奉襄半臂；不爾者，當結縞帶於來生矣，』予唯唯謝曰：『弟亦夙有此志，不謀而合，第六第八兩事，業已爲之矣。』

未幾，掩關東峯靜室。次年太夫人以其故二訃，乃歸省，太夫人語曰：『予謂子出家，吾不悲泣，今果然否？勉矣！吾自善養餘年，汝子亦善學，勿以此妨出世大事也！』

師奉慈命，遊武林，與新伊法師莫逆。時予入孝豐，取道武林。師曰：『

集要雖預參訂，實未淹浹，擬從師授講服習之，不令付諸空言；今遇華嚴法席，不能隨，餘生若在，明歲入山結夏耳。』不旬日，嬰微疾，預知時至，命侍者寫囑言，貽二子，攝心念佛而去。

嗚呼！以師之敏而好學，解而能行，具出世正因，懷菩提大願，謙光厚德，飲人以和，無愧蓮師法脈，天竟不假以年，非法門大不幸乎？

師生於萬歷庚辰，卒於崇禎辛未，世壽五十有二，法臘五年。示居學地，故衣鉢無傳。唯囘生紀一卷行世。佛日金臺法師塔其全身於皋亭山麓。

卍

惺谷禪師，諱道壽，溫陵何氏子，俗名啓圖。爲文學時，閱憨山大師棱伽記，且讀且泣，發出世心，捐舉業，專究宗乘。因父在，不得出家；以居士身，與道友如是雨海等日相砥礪。

泉南久乏聞熏，緇林無人知參方行脚事，師鼓一二英傑，破格遠遊，閩中緇素始稍稍有發心北學於江浙者。

初至匡山，謁憨大師，見其規模闊大，於商究生死一事不甚切，捨之；之博山，博山居以別室，勉以參究。年餘，每與異師論甚厲，異師不以爲怪，知其別有長也。然異師法門，必先定後慧，師自揣種性，應先慧後定，藥病不投，莫能相療。

東遊武林，訪無盡法師於天台，見故友歸一師德業俱進，疑法師必有出格鉗鎚，依之。得閱妙宗鈔等極則教理，回視昔時慧解，倍覺精細劉大參延至吳門，從吳門遊杭，抵龍居；時予在龍居閱藏，一見卽問「有著作否？」以白牛十頌示之，大悅！遂欲盟千古交，予未以爲然。相聚既久，每與予破格大諍，予謂此居士也，未必細察余言。後因歸一師同結冬，偶商及耳根圓通法門，歸師持公論，是師非予；予因虛心再研，舊諍頓墮處大半矣。乃共締千古盟，激令早現僧相。師以舊禮博山，不忍背，歸師與予欣然送之到博山，異師手爲薙髮，而未受沙彌及比丘戒；蓋受戒事，曾與季賢師約，必復古制故也。

庚午春，予病滯龍居，然臂香，刺舌血，作書與之，師同如是。師來，禮季賢師爲和尙，覺源師爲敎授闍黎，新伊師爲羯磨闍黎，力復如來舊規，如法受沙彌及比丘戒；唯菩薩戒不重受，以爲居士時，曾受之博山也。結夏安居，聽毘尼集要，師久習宗乘，得其大益，亦未免染其流弊，不能留心律學，但恐負予苦心。知佛日金臺師虛懷好善，以集要力請流通。

辛未秋，疾終佛日。嗚呼！師亦最奇人也！爲法門每觸時忌，爲道友每忘自身，慧眼超羣，機辯峭拔，往往以短兵取勝，雖名禪宿德欲與之戰，大似撼岳家軍，馴致之，兜率覺範豈多讓焉？予方謂博山有子，青出於藍，何入滅之速耶？

師生於萬歷癸未，世壽四十有九，法臘二年。金臺法師荼毘之，塔其骨與璧師鄰。如是師以受師益最多，輯師平日手札，名爲筆語而流通之。述行紀，執弟子禮於身後；爲天下後世重名相而輕法恩者愧云。

卍

方外史曰：二師皆予最善交也：璧慈而溫；惺悲而厲。璧聰俊而詳明；惺沈毅而精銳。璧日讀數卷，過目了了；惺涵泳一偈一句，經旬月不置。是故惺服璧之博暢；璧服惺之瑩徹。璧所居人皆愛之；惺所居人皆畏之。璧惟欲受人益；未敢益人，故『以能問於不能，以多問於寡，』乃至臨終猶合掌問法，令侍者泥首。惺惟欲益人，卽名自益，故從閩至江右，從吳至武林，無不以好辯貽譏叢席，乃至臨終憶念故友；如是勸宜自顧，猶厲聲大叱，謂：『千古安有自私自利聖賢！』噫！孔子謂不得中行，必也狂狷。』孟子稱伯夷柳下，同為聖人。二師春蘭秋菊，各擅其美，奚必兩融始名全德也？

其與予交也：璧師欲受予益，不得不稍以微辭益我；惺師欲益於我，亦不得不稍受予益，皆生平破格處也。可痛者！璧師欲學毘尼，有志未遂；惺師既學不能力。如來正法，誰共仔肩歟？嗟乎！一月間二師相繼而歿，予雖有一二同志，但能受益，不能益我；或可相益，而喜順惡逆，不能結眉於紅爐烈燄中，撒手於冰凌劍刃上。如二師者，大事因緣，尚不免留下公案，矧不及二師哉？予是以浩然永歎，甘沒齒於深山也！

誦帚師往生傳

師諱宏思，一字如是，晉江溜灣人，族姓陳。髫年入郡之開元寺，禮湛然精舍肖滿全公為師。薙髮後，喜詩文，不理錢穀，氣節昂然，緇素咸敬憚之。

年二十七，忽發出世心，盟月臺心默師及惺谷何居士爲生死交，朝夕參究大事，忘形破格，風雨寒暑弗替也。

時溫陵佛法久荒，聞熏之種，師獨與惺谷鼓舞數人，謁博山無異禪師，受具戒。苦參無字，脅不著席者三年，異師愍其勤，恐致病，說調琴喻勸之，稍稍晏息，終不解衣。師志遠大，縱有省悟，不自足，亦不輕擧似人。同輩視師若木訥，師固是非了了，洞如秦鏡矣。

離博山遊浙直，習敎觀於幽谿，鑒末世暗證之失，遵永明角虎之訓，遂神棲安養，期以萬善同歸。迨惺谷薙草，師以受惺谷敎益最深，欲推爲先臘；且博山受戒不如法，遂捨前所授，禮季賢師爲和尙，覺源新伊二法師爲阿闍黎，次惺谷進比丘戒，兼進菩薩大戒結夏，聽予律要。

次年，惺谷師西逝，師以全公年邁，歸侍。創八關社，接引居士。從此溫陵緇素始知有如來正戒師自視欿然，惟明師良友是念。

越五載，復逃江外，踏冰雪尋予九子峯頂，未幾，全公變，厥孫泣挽回泉；乃訂予續至紫雲，作掩關計。逮予踐約未及一載，師遂示疾，召予助其念佛，命侍者除髮浴身，浴畢端坐，舉手而逝。正念分明，神清氣定，越二時，頂額尚煖，托質蓮蕊無疑也。

師生平自奉甚約，破衫補履，數十年如一日。予嘗笑謂之曰：『舜視棄天下猶棄敝屣，師棄敝屣猶天下也。』師愀然曰：『某非故作慳態，愧薄德不堪消受檀信耳！』甘淡薄，忍疲勞，精勤禪誦，夜寐夙興，雖劇病臨危，亦不懈廢，誠有古人風！至於親信師友，受惡辣鉗錘，如飲甘露，於古人中亦不多得假以數年，近可匹休異巖，遠可追踪斷崖。惜乎生年僅五十，戒臘甫十夏，自度固已有餘，利他功未及半，痛哉！與士夫往復，必隨其病渴，飲以苦口。師侍者錄成帙，予戲題爲老婆禪。便有偈頌詩詠數十首，未示疾前一月，忽焚之。嘗取律中一偈銘諸座右，偈曰：『名譽及利養，愚人所愛樂，能損害善法，如劍斬人頭。』師未嘗不與鄉紳賢達交，而心固覷破如此也。猶憶其詠菊絕句云：『籬菊數莖隨上下，無心整理任他黃；後先不與時花競，自吐霜中一段香。』此可窺其概矣！

師自謂神根稍鈍，晚稱誦帚道人。志在掩關，專修淨業，又號藏六比丘。其道昉一諱，則異師所命也。按紫雲開士傳，已得八十人，今當續稱第八十一云。

梵室偶談（共五十五條選二十八）

因戒生定，定生而戒愈完；因定發慧，慧發而戒定愈勝；故名三無漏學也。今甫習定，戒先蕪矣！甫學慧，定先汨矣！以後後廢前前，猶豎梁掘圮基址，覆椽截去梁柱也，欲優游寢處其下，得乎？

卍

夫惟得其神者，能遺其迹，亦惟失其要者，必染其病。故今之持律者，十人九陡；演敎者，十人九流；弘宗者，十人九妄；得神遺迹，百無一矣！

卍

戒定慧三學，佛法大綱，出苦要徑也。今也，見律師陡遂廢戒；見法師流逐棄教；見宗師妄逐置禪；何因噎廢飯，甘守餓而死也？

卍

有戒無定慧，有定無戒慧，有慧無戒定，非眞戒定慧也。有戒無定慧，墮欲天。有戒定無慧，墮色無色天。有定無戒慧，墮土木金石，或空散銷沉。有定慧無戒，墮邪魔神鬼。有慧無戒定，不免三惡道苦。或曰：若是，則古人取乘急戒緩何居？答曰：緩之云，非無也。且豪傑之士，與其急乘緩戒，墮惡道而方昇，何如乘戒俱急，常近佛而無退！又因戒生定，因定發慧，急戒卽急乘之階梯。若藉經敎爲名利本，托話頭爲優免牌，戒不唯緩而且廢，乘雖名急而實緩，甚非古人料揀之心也。

卍

予居徑山，始受一食法；有禪者曰：『定共戒，道共戒是務，茲在所緩矣。』予不屑答也。嗚呼！儱侗瞞旰，病通斯世，解文識義，能復幾人？若在所緩，應云定奪戒；道奪戒，共之一字云何通？

卍

古之受戒者，修心之基也；今受戒者，我慢幟也。古之習敎者，學道之戶也；今習敎者，破戒由也。古之參禪者，增上之要行也；今參禪者，捨戒別名，謗敎塗轍也。革弊防非，在豪傑士矣！

卍

『因地不眞，果招紆曲，』何謂也？方受戒，志爲律師矣；方聽經，志爲法師矣；方參禪，志爲宗師矣。不爲律師、法師、宗師，無所用其受戒、聽敎、參禪也！猶應院不爲賑施，無用經懺；俗儒不爲作官，無用舉業；娼優隸卒不爲利，無用昡色俳演，承迎趨走也。雖然以世法圖利，事雖卑無大過也。讀書規富貴得罪宣尼矣。佛法博虛名，玷汚正敎矣！

卍

古者，透最後關之謂宗匠，博通三藏之謂法師，塵業不侵之謂持律。今也，稍解麤淺機緣，則以宗自鳴；略知流通敎典，則以敎自負；但護根本四重，則以戒自滿；根器狹劣如此，誰與荷擔正法？

卍

邇來宗敎大失，在爲正法之心不切，爲門庭之見熾然。詎知爲正法，門庭不期高而自莫及；爲門庭，正法以爭抗而愈玷汚也！

卍

古者，大宗匠之埽教爲義學，認指爲月；不見眞月也；彼已具通教理，但不能親證親到，故奪其依解俾入眞通。今之學者，尙未夢見教理，何所用埽，不幾謗法之罪乎？

卍

如來應世，教隨機設，故大小兩乘，並行不悖。其小乘者，出家受具，先以學戒爲基，次讀誦坐禪，隨修一法，不必兼行。其大乘者，亦必以戒爲基，次讀誦坐禪，雖隨根各分主助，而要兼修；決無一往禪思不通了義，一往持說不事觀心者！不通了義，味禪之犯必成；不事觀心，說食之譏何濟？迨夫末法，三學分張，尸羅，僅成人天之福，而持犯未達，猶未保其人天。禪思每墮無聞之誚，而戒慧兩荒，多見淪於惡取。持說每爲名利之媒，而戒定俱廢，罕不落於空談。噫！安得豪傑士一振其頹者乎？身爲牀座，所深願焉！

卍

末法衰敗，良以邪正不分。丁斯時者，未暇較深淺，急須甄邪正。如以深淺，則如來三昧，迦葉不知；迦葉三昧，阿難不知；乃至六羣比丘，猶勝馬鳴、龍樹。正法尚爾，末法可求全責備乎？如以邪正，則頻伽在鷇，已勝餘鳥；砒毒少許，便能傷命，安得不辨於幾微乎？故其人正，淺亦可依；其人邪，深當愈斥。正人雖淺，必害少而利多；邪人雖深，必害多而利少。欲辨邪正之致，未有出於教理二種定量者也！

卍

宗者無言之教，教者有言之宗至言也！三藏十二部，默契之皆宗也；既無言矣，安得謂之教？千七百公案，舉揚之，皆教也；既有言矣，安得謂之宗？故不以說證分宗教，第以門庭施設者，噇糟漢也！

卍

數見教病則思禪，數見禪病則思教，然有當互救者，亦有可各自救者；良以病在當人，非法門咎也。何謂各自救？實義虎，決不以畫餅充饑；眞禪人，決不墮惡取空見。三藏十二部，無一法不勸修行，今之不修行者，皆叛教人，非學教人也！西來大意，直指人心，見性成佛，今之不務見性成佛，而妄逞邪解者，皆謗禪人，非參禪人也！既云見性，安得撥教律於性外？既成覺者，安得置教律於不覺？卽或未能，且以一句話頭作見性成佛方便，權置萬行門頭，必須信得及，守得定，是非莫管，身世俱忘，憤同殺父，急似燒眉，寒暑饑渴，尚無暇知，律檢教門，又何暇謗？直以一門深入，未及兼修；亦以一鏡既懸，能含多影。故舉起話頭，萬緣俱捨，即檀十惡俱息，即戒境風不動，即忍，綿密不斷，即進，更無異緣，即禪，眞疑歷歷，窮義路之淵源，詣離絕之境界，尋伺無棲，能所雙絕，即慧。若不能捨緣息惡，不動綿密，更無異緣，眞疑歷歷者，當知不名眞提話頭也。既不眞提，獨以之爲優免牌，且爲邪見本，豈法門咎哉？故知教禪法無優劣，特因地不眞，利名奪志，不免作獅子身蟲耳！果求其本，則禪亦無病，何求救於教？教亦無病，何求救於禪？又學人因地雖或不眞，若遇正師，自能中養不中，才養不才；唯師匠自眼未明，自事未了，盲引深坑，雖正因之士，猶被其荼毒，況適相叩者哉？吾故曰：法門之壞，撐法門者壞之也！

卍

唯眞宗匠，可呵教家空言；唯眞義虎，可斥宗乘儱侗否則自救不暇，何堅固鬬諍爲哉？

卍

今人患不在提話頭，患不知所以提耳！患不在廢萬緣，患廢不盡耳！亦不患教人提話頭，患不知所以教耳！且萬緣既廢，身心世界何以依然不廢？廢惡不廢善，猶在人天；廢善不廢惡，報必三惡。捨人天而趣三惡，謂之有智可乎？又身心世界，既不能全體放下，則眞實話頭，必不能直下承當，以悠悠泛泛心，而提儱侗話頭；自誑也。於悠悠泛泛人，而儱侗教提一話頭，誑人也。以誑人之師，誑自誑之弟子，法門抑何罪乎？故雲棲曰：「人以爲佛法復興，吾以爲宗風大壞也！」

卍

唯三種人可參話頭：一者、夙具靈根，著手便判，身心世界，全體放下，金剛寶劍，當下提起。直待大事了畢，然後或見知識，或觀契經，印證自心，接引後學。二者、雖道路未甚明白，能依眞實具眼宗匠，死心參究，到歧塗處，自能爲我指點。到根節處，自能爲我解鬭，到轉關處，自能爲我撥入。三者、既未深明道路，又無眞師，必洞徹敎理，方死心參究；雖不能通三藏衆典，楞嚴一部，不可不精熟也。譬如獨自遠行，若不預問路程，斷斷必有錯誤。除此三種，其餘悠悠泛泛之徒，欲參禪悟道，敢保十個錯有五雙！

卍

『歸元性無二，方便有多門；』然則參禪念佛止觀，皆方便也。既謂之門，安得同？若知全性起修，全修在性，則三皆一致，安得異？故眞修止貴就路還家，說同說異，增益戲論！

卍

令之知識，每於利者令參禪，鈍者敎念佛，是參禪唯被上機，念佛唯爲中下也。夫禪不曲被中下則謗禪，念佛不被上機則謗敎，禪敎俱謗，扇以成風，遂令禪作虛名，念無實行，可悲也！詎知參禪念佛及修敎觀，各有夙根，一一根性，各分三品：禪門第一品人，觸著便了，更無餘事，夙具靈根，如時雨化。第二品人，直下不疑，深藏密養，直待瓜熟蒂落，大用現前，龍天推出，任運利生。第三品人，具大疑憤，如殺父怨，判盡平生，究明此事。念佛第一品人，頓悟自心是佛，念念圓明。第二品人，深信自心作佛，念念入理。第三品人，深信佛力無量，念念滅惡。此復四種，謂念佛自性，念佛相好功德，念佛名號，念佛形像，此四各通三品也。教觀第一品人，創聞圓理，頓發初心，成正覺於刹那，示八相於百界。第二品人，信一境三諦，淨生身六根，伏住地無明，摧見思塵垢。第三品人，發圓覺於聞經，修五品之觀行，習三觀以成熏，伏五住而趣覺。由此言之：法無優劣，應病則是藥，皆靈機有淺深，執方則因藥成病！

卍

古者，相宗易，性宗難，故玄奘捨性習相；演教易，證宗難，故神光立雪斷臂。今也不然，以宗自鳴者，敎茫然也；以敎自負者，相宗紊然也。嗚呼！難其所易而易其所甚難，不能舉一羽而能舉百鈞，不能見輿薪而能察秋毫，五尺童子，不爲所欺矣！

卍

予遊歷諸山，備覽人情物態，顛倒最多，卒難悉舉，且如飲食衣服，塵勞也，惟恐不勤。持誦禮拜，勝業也，惟恐不惰。三聚淨戒，出世正因也，深厭煩瑣。百年活計，生死根本也，常虞缺略。爲佛法慢幢高起，求貨利體面頓忘！乃至同一語也，謂出某經論，則棄如怨敵；謂出某語錄，則愛如珍寶。世緣中事，與道無妨；律檢敎門，有違向上。嘻！吾不知其所趣矣！

卍

何謂教？何謂宗？語言施設之謂教；忘情默契之謂宗。故宗也者，雖云教外別傳，實即教內眞傳也。如以指指月，認指爲月，不可也；謂所指非月，亦不可也。且諸佛言教，皆指諸祖語錄，寧獨非指？不認佛指作月，何獨認祖指也？又祖所指是月，佛所指寧非月？信祖之所指，何獨不信佛所指也？甚矣，人之顚倒也！

卍

發大心猶易，具正見更難；具正見猶易，勤修習更難；勤修習猶易，除心病更難。然心病不除，安事修習？修習不勤，安取正見？正見不具，豈眞大心，則直謂之發大心難。

卍

利關不破，得失驚之；名關不破，毀譽動之。既爲得失毀譽所轉，猶以禪道佛法，嗚乎！

卍

善知識者，猶良醫乎！良醫能兼療諸病。亦有專治一病者。兼療則應病與藥；專治非其病不醫，故皆能壽夭而生死也。若伎倆唯一，欲衆疾普收，其傷害多矣！況一伎未精哉？

卍

法性本常住，云何分正像？正像之分，全在人耳。嗚呼！時丁末季，去聖時遙，爲利者十之九；爲名者十之一；爲己生死發二乘心者，百千中一；爲大地衆生發無上心者，萬萬中一，此止就禪和料簡耳！應院及俗人，又不必言矣！佛法將安恃邪？

卍 末法中病，有三不可救：喜守不喜攻；喜略不喜廣；喜同不喜異。交友有三大惡：喜順不喜逆；喜口是而心非；喜不如不喜勝。學問有三大錯：好多不好精；逐末不求本；求解不求證。

卍 法門有七壞相，六興相。何謂七壞相？一、懼命夭，知命孤，以家貧故，令出家。二、避難無聊，激氣求安樂故自出家。三、求清高故自出家。四、以好名故受戒。五、好名故聽經。六、藏拙故參禪。七、好名故參禪。七種雖高低不等，優劣判然，同爲因地不眞，壞法門一也！何謂六興相？一、爲生死故出家。二、爲大菩提故出家。三、爲修行基本故受戒。四、爲修行門路故聽經。五、爲了生死故參禪。六、爲得種智故參禪。六種雖大小不等，偏圓有殊，同爲因地眞正，能興正法一也！噫！凡吾同類，倘自考之：儻因地眞，幸善自保持，俾終正而不入於邪！或因地未眞，則痛自改悔，速反眞而無溺於僞，庶幾自救，亦救法門耳！

蕅益大師集終

本集自靈峯宗論中選出

國家圖書館出版品預行編目資料

蕅益大師開示語錄／僧懺法師輯錄. -- 1 版. -- 新北市：華夏出版有限公司, 2022.06
面； 公分. -- (Sunny 文庫；225)
ISBN 978-986-0799-96-5(平裝)
1.CST：淨土宗 2.CST：佛教說法

226.55 111001109

Sunny 文庫 225
蕅益大師開示語錄

輯 錄 僧懺法師
印 刷 百通科技股份有限公司
電話：02-86926066 傳真：02-86926016
出 版 華夏出版有限公司
220 新北市板橋區縣民大道 3 段 93 巷 30 弄 25 號 1 樓
電話：02-32343788 傳真：02-22234544
E-mail： pftwsdom@ms7.hinet.net
總 經 銷 貿騰發賣股份有限公司
新北市 235 中和區立德街 136 號 6 樓
電話：02-82275988 傳真：02-82275989
網址：www.namode.com
版 次 2022 年 6 月 1 版
特 價 新台幣 300 元 (缺頁或破損的書，請寄回更換)

ISBN： 978-986-0799-96-5

《蕅益大師開示語錄》由佛教出版社同意華夏出版有限公司出版